ESCOLHENDO
JESUS

Dados Internacionais de Catalogação na Publicação (CIP)
(Câmara Brasileira do Livro, SP, Brasil)

Escolhendo Jesus : jovens cristãos para uma nova sociedade / Aline Amaro da Silva... [et al.]. – Petrópolis, RJ : Vozes, 2018.

Outros autores: Pe. Antonio Ramos do Prado, Pe. Elias Silva, Welder Lancieri Marchini.

Bibliografia.
ISBN 978-85-326-5763-3

1. Catequese – Igreja Católica 2. Evangelização 3. Igreja – Trabalho com jovens 4. Jovens – Brasil 5. Juventude – Brasil 6. Vida cristã I. Silva, Aline Amaro da. II. Prado, Antonio Ramos do. III. Silva, Elias. IV. Marchini, Welder Lancieri.

18-13947 CDD-259.2

Índices para catálogo sistemático:
1. Jovens : Evangelização : Cuidados pastorais :
Cristianismo 259.2

Aline Amaro da Silva
Pe. Antonio Ramos do Prado
Pe. Elias Silva
Welder Lancieri Marchini

ESCOLHENDO JESUS

JOVENS CRISTÃOS PARA UMA NOVA SOCIEDADE

EDITORA VOZES

Petrópolis

© 2018, Editora Vozes Ltda.
Rua Frei Luís, 100
25689-900 – Petrópolis, RJ
www.vozes.com.br
Brasil

Todos os direitos reservados. Nenhuma parte desta obra poderá ser reproduzida ou transmitida por qualquer forma e/ou quaisquer meios (eletrônico ou mecânico, incluindo fotocópia e gravação) ou arquivada em qualquer sistema ou banco de dados sem permissão escrita da editora.

CONSELHO EDITORIAL

Diretor
Gilberto Gonçalves Garcia

Editores
Aline dos Santos Carneiro
Edrian Josué Pasini
Welder Lancieri Marchini
Marilac Loraine Oleniki

Conselheiros
Francisco Morás
Ludovico Garmus
Teobaldo Heidemann
Volney J. Berkenbrock

Secretário executivo
João Batista Kreuch

Diagramação: Victor Mauricio Bello
Revisão: Ana Carolina Rollemberg
Capa: Renan Rivero
Ilustração de capa: © kevron2002 | Depositphotos

ISBN 978-85-326-5763-3

> Editado conforme o novo acordo ortográfico.

Este livro foi composto e impresso pela Editora Vozes Ltda.

SUMÁRIO

Prefácio, 7

Capítulo I – Como vivem os jovens? , 11
Introdução, 12
1. A História da cultura juvenil no Brasil, 13
   1.1 A virada decisiva: maio de 68, 14
      1.1.2 Contexto em que vivem os jovens, 17
2. Medos que podem levar os jovens à morte, 20
3. Fundamentalismos, 26
4. Diversidades de juventudes na Igreja do Brasil, 28
5. Protagonismo juvenil, 30
Conclusão, 32
Referências, 123

Capítulo II – O chamado, o caminho, a escolha, 33
Introdução, 34
1. Desejo de ser feliz, 35
2. Vocacionado, eu?, 39
3. Possibilidades e caminho, 44
4. Decidir-se. E agora?, 48
5. Discernimento, 52
Conclusão, 56
Referências, 124

Capítulo III – Tutorial: como evangelizar nativos digitais, 57
Introdução, 58
1. Primeiro passo: metanoia digital, 61
   1.1 Jesus Cristo na era digital, 64
   1.2 Evangelizar é comunicar, 65

2. Segundo passo: uma Igreja em saída: o desafio de conectar-se, 67
3. Terceiro passo: com quem compartilhar, 72
   3.1 Conflito de gerações, 75
4. Quarto passo: o que e como compartilhar, 78
Conclusão, 88
Referências, 125

CAPÍTULO IV – O jovem como sujeito eclesial, 91
Introdução, 92
1. De que juventude estamos falando?, 93
   1.1 As características do jovem católico eventual, 95
2. Alguns fundamentos bíblicos, 99
3. Por uma evangelização com a juventude, 105
   3.1 A figura do Papa Francisco e a CNBB, 108
4. Inquietações pastorais, 110
   4.1 Construção de sujeitos eclesiais, 113
   4.2 Postura e acolhida, 114
   4.3 Frente à pastoral da massificação, 116
5. Algumas pistas, 118
Conclusão, 121
Referências, 127

PREFÁCIO

Há muito tempo a pastoral juvenil deixou de anunciar que o jovem é o futuro da Igreja. E isso porque ninguém se sentirá Igreja no futuro se não for Igreja no presente. Por isso mesmo, todos os ramos da pastoral juvenil buscam criar ambientes nas comunidades para que os jovens se envolvam. Mas também é muito comum que as lideranças comunitárias tenham receio de envolver os jovens em trabalhos que exijam maior responsabilidade. E a justificativa para essa postura é que o jovem não tem maturidade. O problema é que além de ser cômodo, esse posicionamento afasta o jovem da vida comunitária. Só há um único caminho: levar o jovem à maturidade.

Desde 2016, quando a CNBB publicou o Documento 105 sobre o laicato, entendemos que essa maturidade está relacionada à construção de sujeitos eclesiais. As discussões relacionadas ao Sínodo para a juventude (2018) também trazem a perspectiva do jovem como sujeito. E o sujeito só é sujeito se assume o seu papel, seja na Igreja ou na sociedade, por isso o trabalho de evangelização deve ter em vista jovens concretos, que vivem em sociedades concretas e assumem papéis concretos.

O que os jovens realizam nos diversos espaços de suas interações não são eventos neutros: estão relacionados à sua história de vida e às concepções dos sujeitos que de alguma maneira os influenciam.

As expressões, as preferências, o que os jovens rejeitam, o que desperta seus interesses..., tudo revela uma determinada maneira de se relacionar com os adultos, com os ambientes que frequentam, e um jeito de interagir entre a sua própria subjetividade e as situações de seu entorno. A prática evangelizadora é estruturada a partir de referências eclesiais, sociais e ético-morais de todos os envolvidos na dinâmica da comunidade de fé, contudo tais referências se cruzam com todo o universo simbólico cultural de adolescentes e jovens, concedendo sentido às suas atitudes e comportamentos.

Nesta perspectiva, algumas questões do cotidiano dos adolescentes e jovens são apresentadas nos capítulos deste livro com a intenção de contribuir para uma melhor compreensão sobre esse público, com reflexões que sirvam de elementos mediadores para desenvolver um processo evangelizador com ele (adolescentes e jovens) em favor de sua participação na comunidade eclesial e na sociedade, sendo testemunha dos valores do Evangelho, em favor de uma sociedade mais humanizada e justa. Para isso, com a sensibilidade e elegância de mestres, os autores nos apresentam suas contribuições para que sejam transformadas, nas mais diversas realidades, em instrumento essencial no desenvolvimento das atividades com adolescentes e jovens.

No primeiro capítulo, Pe. Antônio Ramos do Prado, mais conhecido como Pe. Toninho, nos apresenta as diversas manifestações culturais da juventude e sua evolução histórica. Com este desenho nos leva a perceber os vários cenários necessários para o diálogo com essa geração, abordando os medos, os fundamentalismos, as diversidades de expressão, sonhos e outros aspectos que fazem parte do cotidiano da vida de adolescentes e jovens. Ao terminar cada uma de suas abordagens no capítulo, nos propõe momentos para aprofundar a reflexão, indica algumas pistas de ação com a intenção de contribuir para os acompanhantes, animadores nos processos de trabalho com os jovens, oferecendo-lhes para isso o referencial de atuação de Jesus com os discípulos de Emaús: fazer o coração arder por causa do encontro com o Ressuscitado.

No segundo capítulo, Pe. Elias Silva versa sobre os elementos do chamado, o caminho para responder a este chamado e as escolhas que se apresentam ao jovem. Destaca que a missão de acompanhar os jovens envolve fazer com que se voltem para o seu próprio eu, reconhecendo como Deus amorosamente foi tecendo cada um para que possam fazer suas escolhas na autenticidade e ousadia de viver o projeto de ser filho de Deus. Destaca, também, a urgência em construir e promover uma cultura vocacional em que os jovens se questionem sobre a sua atuação como seres vocacionados, ou seja, alguém que foi chamado e escolhido para uma missão própria e autêntica. Nesta perspectiva, reflete que para responder ao chamado se faz necessária uma orientação que ajude os jovens a discernir sobre o que os realiza pessoal, profissional, relacional e existencialmente. Ainda neste capítulo, o autor explora a necessidade de compreender as distinções entre livre arbítrio e liberdade, como também as decisões que implicam gestos concretos que conduzem os jovens a sair do plano teórico e adentrar no plano real e existencial com suas consequências. Para tanto, alerta os acompanhantes sobre a necessidade de ajudar os jovens a saber olhar o seu entorno e se questionarem sobre a vontade de Deus diante da decisão, perceber os sinais e toques de Deus em sua vida, identificar quais são os envolvimentos e motivações que embalam as escolhas que fazem. Destaca, ainda, os passos do discernimento: reconhecer, interpretar e escolher, que culminam em ações vividas e testemunhadas, visto que a escolha é fecunda e se expande onde o jovem vive e aos que com ele dividem a vida.

No terceiro capítulo, Aline Amaro da Silva nos brinda com uma reflexão que contempla a evangelização em tempos de cultura digital. Ela nos oferece com este texto a oportunidade de aprender sobre as preciosidades, riscos e desafios que a era digital impõe às relações e evangelização. Para tanto, procura apresentar pistas para que aqueles que atuam como agentes de pastoral e têm contato com a juventude possam melhor conhecer e amar a *geração net*. Encontram-se neste capítulo quatro passos para realizar o caminho missionário envolvendo: o primeiro, uma visão de mundo que busca ampliar a compreensão de realidade, especialmente, no que se refere a fé e a rede; o segundo, a missão de ser igreja com o desafio de conectar-se na vida das pessoas; o terceiro busca ajudar a identificar quem são os sujeitos a quem evangelizar, ou seja, a conhecer a geração net e seu universo comunicativo e relacional – isto para pensar a ação evangelizadora a partir do perfil da geração que se pretende atingir; no quarto passo, contempla o que e como compartilhar considerando que em evangelização conteúdo e forma se misturam, a autora pontua que apesar de vivermos na era digital e a forma de comunicação dos jovens ser a cibernética não se deve esquecer que o ser humano precisa sempre de uma relação física calorosa. Isto implica em não perder de vista as atitudes de Jesus que devem inspirar as características dos evangelizadores: olhar amoroso, capacidade de fazer-se próximo, empatia, testemunho autêntico, coragem para não aceitar preconceitos. Essa evangelização pelos meios digitais não acontece sem um sincero diálogo com o jovem e sem projetos e estratégias.

No quarto capítulo, Welder Lancieri Marchini discorre sobre o desafio de tornar a mensagem de Jesus acessível aos jovens, instiga para isso a repensar que as práticas pastorais devem assumir novos métodos, planejar o trabalho pensando meios e estratégias em favor da eficiência – saber fazer bem feito aquilo que nos propomos a fazer, sem amadorismos pastorais – e eficácia – alcançar o resultado desejado, que é a construção do jovem como sujeito eclesial, maduro na vivência de sua fé. Em busca de desenhar um caminho para as ações pastorais, nesta perspectiva, apresenta, para efeito didático, três grupos: juventude inatingida pelos trabalhos de evangelização, jovens de participação eventual e aqueles que aderem à vivência eclesial. Assim, caracteriza os jovens, visando ajudar a identificar o perfil daqueles que participam em nossas comunidades, para ser possível realizar um trabalho evangelizador mais eficaz. Para isso há que se ter como critério uma fundamentação bíblica que apresente Jesus como a boa notícia, como um modo de ser, como atitude que é construída na convivência comunitária; a construção do discipulado dos jovens; a construção da fé dos jovens como uma adesão humana ao projeto de Jesus.

Ainda no capítulo IV, encontramos a contribuição do autor quanto a formação das lideranças juvenis em prol de maior diálogo com sua realidade. Para isso contempla a representatividade do Papa Francisco e as reflexões da CNBB em favor de tornar o jovem protagonista e levá-lo a assumir seu compromisso com a Igreja, bem como torná-lo sujeito eclesial por meio de uma atitude de acolhida, em seu texto compreendida como uma postura de integração do jovem à comunidade. Finaliza com uma proposta de pistas para integração do jovem na prática das diversas pastorais.

Sabemos que cada uma das reflexões carrega em si desafios e exigências para acompanhantes, lideranças, animadores e agentes de pastoral, como também aguçam a sensibilidade para as oportunidades que emergem nos encontros com os adolescentes e jovens. Desejamos que as reflexões e pistas aqui apresentadas permitam a cada liderança da pastoral juvenil tornar-se mais próxima dos adolescentes e jovens, para que possa, a exemplo de Jesus com os discípulos de Emaús, caminhantes a seu lado, ajudá-los a amadurecer sua vocação de discípulos missionários.

Agradecemos a dedicação de cada autor que se prontificou a fazer parte deste projeto.

Marilac Loraine Oleniki
Editora Catequético Pastoral

Welder Lancieri Marchini
Editor Teológico Espiritual

Capítulo I

COMO VIVEM OS JOVENS?

Pe. Antonio Ramos do Prado

© pixabay

INTRODUÇÃO

O Papa Francisco, em seu discurso na Cerimônia de Boas-Vindas ao Brasil, por ocasião da Jornada Mundial da Juventude Rio 2013, assim se expressou:

> Os pais usam dizer por aqui: "os filhos são a menina dos nossos olhos". Que bela expressão da sabedoria brasileira que aplica aos jovens a imagem da pupila dos olhos, janela pela qual entra a luz regalando-nos o milagre da visão! O que vai ser de nós, se não tomarmos conta dos nossos olhos? Como haveremos de seguir em frente? (...) A juventude é a janela pela qual o futuro entra no mundo. É a janela e, por isso, nos impõe grandes desafios. A nossa geração se demonstrará à altura da promessa contida em cada jovem quando souber abrir-lhe espaço. (...) Com essas atitudes precedemos hoje o futuro que entra pela janela dos jovens. (PAPA FRANCISCO, 2013, p. 12)

Ao observarmos as diversas manifestações culturais da juventude na história, perceberemos como são sábias e verdadeiras as palavras do Santo Padre. As gerações juvenis são sempre precursoras do futuro, porque são protagonistas do presente. Seu modo de vida antecipa e gesta a história. Por esse motivo, cabe àquele que se dedica a acompanhar os jovens estar atento aos seus movimentos e jamais desconsiderar nenhuma de suas manifestações. Seus erros e acertos de agora podem ser os erros e acertos das próximas décadas e séculos.

> **As gerações juvenis são sempre precursoras do futuro.**

Esse capítulo visa apresentar os vários cenários em que vivem os jovens e ao mesmo tempo dar pistas de ação para que os animadores e agentes de pastoral possam acompanhar melhor os adolescentes e jovens.

Num primeiro momento queremos apresentar um pouco da evolução histórica da cultura juvenil no Brasil. Podemos dizer que conhecer a cultura do outro é condição para um diálogo.

No diálogo com essa geração percebemos vários cenários como: os medos, fundamentalismos, diversidades de expressão juvenil, sonhos, ações de transformações, dentre outros aspectos que fazem parte do cotidiano de cada jovem. Ao mesmo tempo esses cenários abrem possibilidades para a construção da Civilização do Amor.

1

A HISTÓRIA DA CULTURA JUVENIL NO BRASIL

No Brasil, o conceito de *juventude*, tal qual o concebemos hoje, foi gestado durante o processo das ações de evangelização da juventude católica. Para melhor entender esse processo é necessário fazer um breve olhar histórico dos fatos que levaram à sua concepção. Quando da chegada das naus portuguesas em nossas terras brasileiras, o processo que levou ao surgimento da "escola católica" estava se estabelecendo na Europa. Esse processo chegou ao Brasil e é consequência do que ocorria no Velho Continente. Por esse motivo, uma das grandes prioridades dos missionários em nossas terras era estabelecer escolas para a educação das crianças, dos adolescentes e dos jovens, e os jesuítas tiveram um papel preponderante nesse processo.

Segundo Ariès (1981, p. 112), durante os primeiros séculos da reinvenção das escolas de educação infantil no Ocidente[1], não se fazia distinção formal entre a criança e o jovem. Entre os séculos XVII e XVIII, as crianças de 10 a 14 anos frequentavam as mesmas salas de aula daqueles que tinham idades entre 15 e 25 anos – todos eram *infantes*, que precisavam receber formação cultural e religiosa (ARIÈS, 1981, p.115). Na verdade, prestava-se mais atenção ao grau de aprendizado do que à diferença entre as idades. Evidentemente que se conheciam essas diferenças. Porém, no trato estudantil todos eram colocados juntos nas mesmas salas de aula, variando-se apenas segundo o *avanço* ou *atraso* no conhecimento. Aos maiores "não era atribuída a mesma significação social" (CORAZZA, 2002, p. 81) que posteriormente obtiveram os jovens nos séculos que se seguiram.

---

1. A história dos processos de educação no Ocidente é muito complexa, feita de diversas formas durante os séculos, desde as antigas "escolas" do mundo Greco-Romano. É fato que durante a primeira parte da Idade Média, as escolas praticamente desapareceram. Porém, na Alta Idade Média e posteriormente, ao redor dos mosteiros e paróquias, escolas foram aos poucos sendo criadas e valorizadas, tornando-se prioridade, mesmo atingindo apenas uma pequena parcela da população. Estas pequenas escolas estão na origem das grandes universidades europeias. Na Modernidade, congregações religiosas em associação com os Estados Nacionais assumiram a educação como uma de suas grandes prioridades. É deste período que o texto, agora, trata.

Ainda segundo Ariès, somente no início do século XIX é que se começou a separar os maiores de 20 anos – os chamados *barbados* – dos menores.

> O período da segunda infância – adolescência – foi distinguido graças ao estabelecimento progressivo e tardio de uma relação entre a idade e a classe escolar [...]. Os mestres se habituaram a compor a suas classes em função da idade dos alunos. As idades, outrora confundidas, começaram a se separar na medida em que coincidiam com as classes, pois desde o fim do século XVI a classe fora reconhecida como uma unidade estrutural. Sem o colégio e suas células vivas, a burguesia não dispensaria às diferenças mínimas de idade de suas crianças a atenção que lhes demonstra.(ARIÈS, 1981, p. 115)

Com a conclusão desse processo de divisão de classes no ensino formal escolar, a juventude foi sendo tratada como uma categoria social distinta da *infância* e da *adultez*.

> De fato, ainda [séculos XVII e XVIII] não se sentia a necessidade de distinguir a segunda infância, além dos 12-13 anos, da adolescência ou da juventude. Essas duas categorias de idade ainda continuavam a ser confundidas: elas só se separariam mais para o fim do século XIX, graças à difusão, entre a burguesia, de um ensino superior: universidade ou grandes escolas. (ARIÈS, 1981, p. 115)

PARA APROFUNDAR

1. À luz do texto acima, como distinguir a idade do grau de maturidade dos adolescentes e jovens presentes no mesmo grupo?
2. Na Igreja ainda não há uma pastoral específica para adolescentes. Como você trabalha a evangelização num grupo que tem adolescentes e jovens?

1.1 A VIRADA DECISIVA: MAIO DE 68

UM OLHAR SOCIAL

Durante os anos 1950, com o advento da cultura do *rock and roll* nos EUA e, posteriormente, no Reino Unido e, daí, espalhando-se por quase todo o mundo, algo começou a mudar. A grande mídia, também emergente neste período, associada à economia de mercado no Ocidente, descobriu a juventude como nicho de mercado consumidor, incentivando e valorizando a rebeldia, a irreverência e demais características juvenis como "positivas", divergindo do modelo educacional que buscava reprimi-las. A convergência dessas forças, na década de 1960, viabilizou o borbulhar de novas formas de cultura juvenil, que passou a se compreender e se colocar no mundo como sujeito de direitos e deveres.

Durante esse período, os grupos juvenis adquiriram força, organização, reflexão e politização em diversos países ocidentais. A juventude, há pouco *descoberta* como público potencialmente consumidor pelo capitalismo de mercado (SAVAGE, 2009, p. 11), sentia-se impulsionada a manifestar seus desejos e anseios, procurando viver segundo suas próprias regras, situação que provocou grave conflito de gerações e a produção de novas maneiras de ser e estar no mundo.

> Os anos 1960 foram marcados, no ocidente, pela eclosão de uma cultura juvenil nunca antes tornada visível na cena pública. Teria se dado, naquela ocasião, uma mudança radical nos modos pelos quais as gerações se relacionavam [...] Massas de jovens, coesas justamente por conta de sua relativa homogeneidade etária, entraram bruscamente no espaço da cena pública, buscando inventar os seus próprios territórios existenciais e políticos. (ANGRA DO Ó, 2009, p. 25)

Na França, jovens da Universidade de Sorbonne rebelaram-se contra o governo de Charles de Gaulle, que tentou sufocar a revolta com a força policial e prisões. Nada poderia ter sido mais desastroso. A rebeldia juvenil eclodiu pelas ruas de Paris, gerando confrontos graves entre a população e o governo francês. Cerca de dois terços do operariado entrou em greve e foi para as ruas com os jovens, exigindo liberdade de expressão. De acordo com uma testemunha ocular,

> ... a inacreditável – embora inteiramente previsível – incompetência desta "solução" burocrática para o "problema" do descontentamento estudantil precipitou uma reação em cadeia. Ela armazenou a raiva, o ressentimento e a frustração de dezenas de milhares de jovens que possuíam agora um motivo para uma ação futura, além de um objetivo alcançável. Os estudantes, despejados da universidade, tomaram as ruas, reivindicando a libertação de seus companheiros, a reabertura de suas faculdades, a remoção dos policiais. (SOLIDARITY, 2008, p. 13)

Os jovens encararam a revolta como oportunidade para colocar abaixo os valores da velha sociedade e proclamar a vitória da emoção, do sentimento, da alegria. E aqui está o ponto chave da grande transformação que a juventude deste período possibilitou.

> Maio de 1968 representou uma ruptura na história das experiências geracionais, especialmente no que diz respeito às lutas políticas. Naquele momento teria se dado a eclosão de uma singular predominância da juventude por sobre a maturidade no jogo político. Aquele teria sido um instante de rebelião juvenil que mudaria o mundo inclusive – e quase diria principalmente – porque oporia os jovens aos velhos, para descrédito destes últimos. (ANGRA DO Ó, 2009, p. 23)

Maio de 68 significou o ápice de um processo iniciado nas escolas do século XIX – quando, com a divisão em classes, as particularidades da juventude como faixa etária específica começaram a se destacar. O final de 1960 significou a independência da juventude da tutela do mundo adulto, tomando em suas mãos o poder e impondo os seus valores ao todo social. Seu cotidiano, já modificado por suas práticas juvenis, agora compunha forças gerando novos modos de subjetivação. "Maio de 68 cria as condições de possibilidade para a emergência de novos movimentos sociais que apostam que as mudanças sociais só acontecerão se os mecanismos de poder, que funcionam fora dos aparelhos de Estado, no nível da vida cotidiana, forem modificados" (AGUIAR, 2008, p. 15).

Maio de 68 viabilizou uma dura crítica aos modos de existência vigentes gerados pelo capitalismo ocidental, produtor de subjetividades massificadas, e foi o dispositivo que compôs forças para a emergência de uma cultura caracterizada pela emoção, pela descoberta da vida, do amor, da *curtição*, da valorização do agora. A luta do Maio de 68 contra o mundo velho, das velhas guerras, da morte proporcionada pelas velhas formas de organizar o Ocidente, colocou a juventude no centro do debate político, cultural, social e – por que não dizer? – eclesial.

> Desde ali, a juventude passou a ser dita, de forma radicalmente nova, como um estágio do desenvolvimento humano que bastava a si mesmo. O jovem não seria, nunca mais, um intermediário entre a criança e o homem adulto – e, aliás, seria em nome da experiência da juventude que as idéias de infância e de maturidade se reinventariam. (ANGRA DO Ó, 2009, pp. 25-26)

Os jovens brasileiros, também motivados pelos ideais de 1968, começaram a entender o seu papel na sociedade. Ao longo desses anos, a juventude brasileira enfrentou os militares, governos manipuladores e corruptos, mas também acompanhou uma instabilidade social e política que continua até os dias de hoje.

1.1.2 CONTEXTO EM QUE VIVEM OS JOVENS

Um olhar social sobre a juventude brasileira

Atualmente 51,3 milhões de jovens de 15 a 29 anos vivem em solo brasileiro, de acordo com o Instituto Brasileiro de Geografia e Estatísticas (IBGE, 2010). Boa parte desses jovens vive em busca do primeiro emprego e outra parte sobrevive de trabalhos informais nos grandes centros urbanos. Já no meio rural os jovens vivem num contexto de conflitos por falta de investimento na educação e no trabalho especializado.

Um dos fatores que contribuem para a permanência das desigualdades sociais que atingem principalmente jovens das classes populares é a ausência de políticas públicas essenciais, que não chegam aos territórios ocupados. Entre as políticas públicas essenciais para propiciar a ascensão social estão: o direito à saúde, educação, lazer e um sistema de segurança pública que não os coloque em condições vulneráveis, como acontece nas periferias, onde o Estado, na maioria das vezes, não chega, a não ser com a força repressiva, como discurso de solução do problema da violência.

Deve-se destacar a chegada da chamada Geração Z (nascidos entre 1994 e 2010), fortemente caracterizada pelos efeitos do processo de globalização. É uma geração que experimenta a predominância da comunicação virtual que cria novos fluxos e leva à superação das fronteiras entre diversos indivíduos - como as redes sociais na internet, hoje inseridas no cotidiano de grande parte dos jovens de diversas classes sociais. A grande questão nesse fenômeno é saber até que ponto esses instrumentos de comunicação da era digital/virtual têm sido apropriados pelos jovens a fim de trazer contribuições concretas, longe da lógica consumista e individualista.

O grande destaque que as sociedades contemporâneas têm conferido às juventudes parte do princípio de que elas são o principal termômetro das vulnerabilidades sociais, ou, senão isso, de que são importantes indicadores em termos de violência e de processos de desumanização.

> As juventudes são o principal termômentro das vulnerabilidades sociais.

Mesmo diante dessa realidade constata-se uma grande vontade de ser coerente e um grande potencial para a alteridade que, em geral, os jovens desenvolvem a partir da adolescência. Desenvolvem, também, a consciência sobre alguns valores importantes nas relações humanas, particularmente os que se referem à busca pelo prazer e à satisfação imediata das carências afetivas. Aqui, destacam-se dois valores, embora haja um conflito no que diz respeito ao uso da autoridade: a pertença a um grupo que confere identidade e o convívio familiar.

Há um grande contingente de jovens que realizam ações de voluntariado e de solidariedade, na maioria das vezes, vinculadas a alguma instituição de cunho religioso. Isso está relacionado à admiração que têm pelas obras sociais das diversas expressões religiosas ou ONGs que atuam em benefício das parcelas mais vulneráveis da população.

Dentro do contexto das juventudes, em um mesmo espaço social podem conviver diversas tribos juvenis, marcadas por traços parecidos e por valores culturais ou de integração. Fazer parte de uma tribo ou de um grupo pode significar, para os adolescentes e jovens, minimizar sua condição de vulnerabilidade ou agravá-la. Sobre esses aspectos, as intervenções precisam assumir duas vertentes: uma *estrutural* – com a construção de políticas públicas eficazes – e uma *personalizada*, como forma de acompanhamento dessas juventudes, mas que não acontece de maneira padronizada, senão pela criação de vínculos pessoais que possibilitem uma efetiva transformação. Esse é o empenho proposto pela vinculação da assessoria pastoral com o acompanhamento espiritual.

Um olhar da Igreja

O Documento 85 da CNBB, *Evangelização da Juventude: Desafios e Perspectivas Pastorais* (2007), aponta que cabe à Pastoral Juvenil olhar os jovens a partir de sua realidade, colaborando com a pluralidade da juventude em nossa Igreja, reconhecendo-os como sujeitos protagonistas, sobretudo na evangelização e na vida da própria juventude.

> Escutar é um ato de respeito pelos sentimentos e uma oportunidade de conhecer a história da vida do jovem.

A Igreja entende que o acompanhamento do jovem é urgente e necessário. Num primeiro momento, o acompanhamento requer do acompanhante a escuta. Escutar é um ato de respeito pelos sentimentos e, ao mesmo tempo, uma oportunidade de conhecer a história de vida do jovem. A confiança estabelecida no ato da escuta permite uma abertura de coração que leva o jovem a confiar sua vida ao acompanhante. Nesse momento o acompanhante propõe a construção de um projeto de vida, ou a revisão do projeto de vida para aqueles que já o possuem.

Acompanhar o jovem na construção do seu projeto de vida é o caminho certo para estabelecer clareza para as opções que o jovem encontrará ao longo da vida. Ao mesmo tempo, podemos dizer que no processo de construção do projeto de vida os sonhos do jovem são recuperados.

A Igreja percebe que à medida que os jovens se sentem acompanhados eles resgatam a autoestima e, ao mesmo tempo, adquirem maturidade nas relações. Nesse processo o jovem se relaciona melhor com o grupo e amadurece na sua vocação de discípulo e missionário de Jesus Cristo.

Um dos enfoques apontado pelo documento preparatório do Sínodo dos Bispos 2018 é o acompanhamento. O documento afirma que *"o acompanhamento pessoal exige afinar continuamente a própria sensibilidade à voz do Espírito e conduz a descobrir nas peculiaridades pessoais um recurso e uma riqueza"* (CNBB, 2013, p. 36). Nessa perspectiva, o acompanhante tem um papel fundamental, que é escutar o jovem segundo a pedagogia de Jesus Cristo no caminho de Emáus (Lucas 24).

Aquele que se coloca no ministério do acompanhamento traz em si um olhar amoroso, fala com autoridade e tem a capacidade de fazer-se próximo do jovem. O acompanhante traz em si uma vida profunda de oração. Vive a vida segundo o Espírito. Desenvolve uma sensibilidade na acolhida e se coloca como caminhante – lado a lado com o jovem. O Papa Francisco diz que "este serviço ou ministério está enraizado na oração e no pedido do dom do Espírito que guia e ilumina todos e cada um" (CNBB, 2013, p 36).

> Aquele que se coloca no ministério do acompanhamento traz em si um olhar amoroso, fala com autoridade e tem a capacidade de fazer-se próximo do jovem.

A comunidade acompanhadora não pode ser engessada. Exige sair dos próprios esquemas pré-estabelecidos e abrir-se ao novo que vem dos jovens. A comunidade transforma a Palavra ouvida em gestos concretos de transformação de vidas. Os jovens, ao verem o testemunho da comunidade, se encantam e se colocam membros da mesma, pois percebem uma possibilidade de serem acolhidos e amados. Para que isso aconteça, faz-se necessário que a comunidade desenvolva um processo de interação com a cultura juvenil e se coloque como serva.

2

MEDOS QUE PODEM LEVAR OS JOVENS À MORTE

Os medos sempre fizeram parte da história da humanidade. Eles estão presentes no cotidiano de nossas vidas, pois a vida é feita de acertos e erros. A juventude do mundo contemporâneo vive quatro grandes medos: medo de sobrar, medo de sofrer, medo de ficar sozinho e medo de sonhar.

Medo de sobrar

Na sociedade da velocidade os compromissos duram pouco. Hoje o jovem tem um amigo, amanhã este já não existe mais; hoje o jovem tem uma família, amanhã não tem mais; hoje o jovem tem um emprego, amanhã não tem mais; hoje o jovem tem uma religião, amanhã não tem mais. Essas alterações constantes geram incertezas que podem levar os jovens a perder o sentido da vida. Mas percebemos que mesmo diante dessas incertezas os jovens trazem dentro de si um desejo de se relacionarem, de amar e serem amados.

> **Diante das incertezas os jovens trazem dentro de si um desejo de se relacionarem, de amar e serem amados.**

A Pastoral Juvenil, diante desse cenário, tem clareza da urgência de propor aos jovens caminhos que possam dar sentido à vida. Os grupos jovens, os retiros, os encontros de massa, as experiências missionárias, o voluntariado são espaços que acolhem e dão a eles a oportunidade de encontrar sentido para suas vidas. Os coordenadores/assessores/educadores podem, a partir dessas experiências, propor aos jovens caminhos para a construção de um projeto de vida segundo o qual as relações se tornam mais seguras.

Pistas de ação

1. Criar uma roda de conversa para:
   a. Dialogar sobre as incertezas que envolvem a vida do jovem, se há medo de sobrar e por quê.
   b. Saber: como lidam com o compromisso nos seus espaços de convivência; se são ou não perseverantes diante das adversidades e quais razões os levam a desistir de lutar; quais as suas influências e como realizam o discernimento sobre elas para efetivar uma mudança, seja de opinião ou atitude.
2. Propor ao grupo trabalhos voluntários que despertem para o exercício concreto de cidadania, para o compromisso.
3. Criar no Youtube um canal para divulgar as ações que os jovens realizam no campo da solidariedade e da missionariedade.

MEDO DE SOFRER

Em um contexto cultural com inúmeras propostas de vida, o jovem se vê embaraçado ao ter que pensar no futuro e fazer opções que o conduzam à realização de seus sonhos. A rapidez das mudanças, as provocações da cultura consumista, a vivência sexual descontrolada, o acesso mais fácil a tudo o que possa dar prazer não só confundem os pensamentos e sentimentos dos jovens, mas os deixam fragilizados na capacidade de discernir, escolher, investir, de se sacrificar em vista do que realmente vale a pena.

A cultura do prazer apresenta uma vida sem sofrimento (fácil). Exemplo claro são as propagandas que afirmam que quem consome determinados produtos se sente mais feliz. Esse contexto produz uma cultura de falsa realização, pois diante das situações mais complexas e difíceis da vida encontram-se subterfúgios para não se envolver, para enganar-se e recorrer a justificativas que produzam satisfação imediata, sem permitir-se perceber as dificuldades com as quais por vezes se depara um sujeito para realizar os seus sonhos. Vende-se a ideia de que as conquistas não demandam esforço, dedicação. Em relação aos amigos, observa-se que há dificuldade em construir amizades duradouras. Isto porque diante do "não concordo com você", que pode gerar descontentamento com o posicionamento do outro, tem-se o afastamento para não se ter o desprazer de dialogar e confrontar opiniões que traduzem os sentimentos concretos, as percepções da realidade. Assim, observa-se que tudo parece ser minimizado ou maximizado pela emoção, pela comoção que uma situação desperta.

Quando se trata de religião, vê-se também as que pregam a teologia da prosperidade, cujas promessas não citam nenhum sacrifício ou sofrimento para que sejam alcançados os objetivos, posses, poder ou pessoas desejados. Neste cenário, Deus se torna objeto de cumprir promessas e dar prazer.

Diante dessa realidade, a Igreja é convidada a empenhar-se em propor aos jovens reflexões sobre o sentido da vida, a partir da prática libertadora de Jesus Cristo. Nessa perspectiva, os coordenadores/assessores/educadores têm o papel fundamental de acompanhar os jovens, ajudá-los a entender que na vida há sofrimento. O importante é saber como lidar com ele, não permanecer nele.

A proposta de felicidade plena que Jesus Cristo deixou para nós passa pela cruz. Em Mateus 10,38, Jesus diz: "... aquele que não toma a sua cruz e não me segue, também não é digno de mim". Tomar a cruz é sofrer também, porém um sofrimento que vale a pena, que dá sentido à vida. Esse tomar a cruz e seguir Jesus implica responsabilidade, compromisso com Ele e uma busca contínua de testemunhar seus ensinamentos. À medida que o jovem compreende a proposta de Jesus Cristo, que envolve justiça, solidariedade, comunhão fraterna, misericórdia, amor a si e ao próximo, faz-se necessário envolver-se, enfrentando os desafios e assumindo uma postura coerente com a construção de uma vida melhor para si e seus semelhantes. Assim, consciente das implicações concretas da proposta de Jesus, o jovem saberá lidar com os problemas no cotidiano da vida. Isto porque lhe é apresentado concreta e assertivamente que não está sozinho e qual é o seu papel no mundo como discípulo missionário de Jesus.

> **Consciente das implicações concretas da proposta de Jesus, o jovem saberá lidar com os problemas no cotidiano da vida.**

A Pastoral Juvenil por meio dos processos de formação integral poderá ajudar os jovens a resgatarem a autoestima e se fortalecerem na opção fundamental por Jesus Cristo.

Pistas de ação

1. Desenvolver na comunidade uma pastoral da escuta.
2. Criar espaço onde os coordenadores/assessores/educadores possam atender os jovens sobre o seu medo de sofrer.
3. Criar uma rede de solidariedade entre os próprios jovens para cuidarem uns dos outros.

MEDO DE FICAR SOZINHO

Esse é o medo mais perigoso, pois quando se está sozinho a solidão ofusca a razão e a fé. Tudo vira trevas. São milhões de jovens que ficam conectados o tempo todo e quando estão sós surge o desespero. Isto porque ao sentir que sua vida não está ligada a de seus pares o jovem pode desenvolver a sensação de fracasso e abandono, de estar só e não ter sua importância reconhecida. A maioria dos jovens se mata nesse momento. Esse momento é desesperador porque ele precisa se encontrar com ele mesmo – e ele não tem nada esperançoso para oferecer. Isto pode ocorrer por fazer comparações familiares e sociais, que consideramos irreais, sobre sucesso e felicidade. Quando isso ocorre, sente-se desamparado e rotula a si mesmo negativamente. Ao não conseguir reconhecer o seu valor, desanima. E geralmente nesse momento os adultos estão distantes dos jovens, principalmente afetivamente. Aqui é importante perceber que falo em especial de jovens de dentro de nossas instituições católicas.

> Quando se está sozinho a solidão ofusca a razão e a fé.

Pistas de ação

1. Realizar atividades individuais e grupais com os jovens para compartilhar informações sobre como é ficar desconectado, em silêncio, sozinho. Que sentimentos aparecem nestes momentos?
2. Convidar um psicólogo para ajudar os jovens:
   - a explorar os motivos de sentirem solidão;
   - a observar se os motivos para sentirem solidão podem estar associados a ansiedades, relação consigo mesmos,... ;
   - a compreender o autoconhecimento;
   - a realizar atividades individuais, sem depender da companhia de terceiros para concretizá-las.

Medo de sonhar

Aqui flagramos o desapontamento diante de uma sociedade tão corrupta que os jovens a olham e não encontram luz, não vislumbram nenhum caminho, não percebem alternativas para viver. Isto é resultado de reconhecerem que se fala de ética, mas vive-se mergulhado na lama. Os jovens percebem toda a hipocrisia do adulto e dizem: "nesse mundo não quero viver". Na maioria das vezes, dentro da própria família, espaço em que ele tinha esperança de se resguardar, identifica a falta de prática da verdade, da ética. Isso o leva a crer que sonhar com algo melhor não é possível. Assim, os adolescentes e jovens são obrigados a engolir a máxima do "jeitinho brasileiro". Será que a sociedade pode melhorar? Qual é o papel que cada pessoa efetivamente precisa exercer para que isso ocorra?

> Perder o medo de sonhar e abraçar uma causa é fundamental para buscar construir uma vida de felicidade.

Em meio a nossa realidade é preciso motivar o jovem a olhar para Jesus, reconhecendo que perder o medo de sonhar e abraçar uma causa é fundamental para buscar construir uma vida de felicidade. Ele, Jesus Cristo – o Filho enviado ao mundo pelo Pai –, é o Homem perfeito e o propagador fiel da vontade de Deus à humanidade. Todo voltado ao Pai e todo voltado aos irmãos, Jesus abraça radicalmente o Projeto de Deus: a **construção do Reino**. O Reino é a Boa-Nova que Ele vem anunciar, propor, viver e orientar, dando-nos a certeza de que a plenitude humana é possível e traz a realização dos sonhos mais profundos de felicidade que a criatura tem. Somos todos convidados a uma nova vida, na qual o **prazer pessoal** de viver se une à experiência concreta de uma verdadeira e **fraterna relação** entre as pessoas.

> Pautar a vida por um Projeto é sinal de maturidade! É estabelecer metas para alçar voos em busca de conquistar nossos sonhos.

Para viver uma nova vida, é imprescindível definir o nosso Projeto de Vida; é ele o nosso segundo nascimento, uma decisão de vida tomada na **liberdade** a partir do que somos e daquilo que queremos ser. Ele é formado por **compromissos** que nós mesmos **determinamos e assumimos**, dentro da nossa consciência, visão, sensibilidade, oportunidades, escolha. Se caminhamos sem enxergar onde estamos, para onde queremos ir e o que devemos fazer, perdemos os sonhos e a nós mesmos.

O Projeto de Vida é a **organização das escolhas** que fazemos para poder viver intensamente: valores, princípios, metas, na **busca** constante e incansável de responder ao que queremos ser e fazer na vida, definindo o **rumo**, o **significado** maior, o sentido, a direção, os objetivos a curto, médio e longo prazos. Por isso, pautar a vida por um Projeto é sinal de **maturidade!** É **estabelecer metas para alçar voos em busca de conquistar nossos sonhos.**

Pistas de ação

Etapas da construção do Projeto de Vida

1ª. questão: Refletir e descrever "aonde" quero chegar (SONHOS). *O que quero atingir – ideais, metas, sonhos – a partir do que Deus quer de mim, no lugar onde me encontro e com a responsabilidade que tenho?*

2ª. questão: Refletir e descrever "onde" e "como" me encontro (REALIDADE). *Onde e como estou atualmente – situação, contexto – neste caminho rumo ao que Deus deseja de mim?*

3ª. questão: Refletir e descrever "o que" devo fazer (PASSOS). *Quais ações são necessárias para eu realizar o ideal sonhado?*

Obs.: Isso deve ser feito em silêncio (oração) e, ao término das respostas, dentro de uma celebração, colocado sobre o altar (como sinal de ofertar a vida ao Senhor).

3

FUNDAMENTALISMO

Os jovens passam por uma insegurança notável. As estruturas (família, escola, política, educação, igreja, governo e economia) estão desacreditadas. Muitos jovens não encontram segurança nesses espaços e não sabem em quem colocar sua confiança.

Queremos destacar dois tipos de fundamentalismos que influenciam na vida dos jovens: dentro da Igreja e fora da Igreja.

1º. Dentro da Igreja: são grupos grandes de jovens que seguem os gurus que pregam uma Igreja ante Vaticano II. Defendem a disciplina pela disciplina, se tornando muitas vezes escravos do ritualismo litúrgico; abominam a liturgia renovada do Vaticano II; preferem uma fé radicada no rito e na adoração. Tudo que não se enquadra na liturgia Ante Vaticano II não serve. Até escutam as orientações da Igreja, mas não as colocam em prática. As vestes dessa porção da Igreja são Tridentinas e procuram, ainda, resgatar algumas outras, medievais.

Outros jovens mantêm a linha da Teologia da Libertação, porém com foco maior na sociologia que Teologia. Muitos grupos parecem mais ONGs que grupos de Igreja. Há grupos que não gostam de fazer comunhão, embora em seus discursos falem dela. Têm uma convicção tão forte e enfática em suas exposições que são muitos os jovens que buscam nesses grupos fundamentalistas sentido para a vida.

Aqui se faz necessário um acompanhamento mais próximo. Tarefa importante para coordenadores/assessores/educadores das várias expressões juvenis da Igreja do Brasil.

2º. Fora da Igreja: percebemos um crescimento do radicalismo, do racismo e da intolerância. São muitos os jovens que participam de grupos com essas características. Alguns sacrificam a própria vida. Poderíamos perguntar: por que isso acontece? A resposta seria porque alguns líderes mundiais são colocados em destaque nas mídias e acabam tendo seguidores. Isto é resultado de que alguns jovens, já cansados do sistema, passam a compreender que uma mudança radical pode ser boa, sem, no entanto, avaliar suas consequências. Como esses grupos percebem a força que há nos jovens que têm ideais muitas vezes radicais, os mobilizam apropriando-se de sua insatisfação, realizando um processo de convencimento que os leva a acreditar que a postura radical é o melhor a fazer e a seguir as orientações desses grupos sem muito discernir.

Cabe observar que os grupos fundamentalistas de dentro da Igreja e fora dela veem a fragilidade dos adolescentes e jovens como uma oportunidade.

Acreditamos que para combater o oportunismo sobre os jovens, o radicalismo, o racismo e a intolerância se faz necessário: humanizar as pessoas; criar políticas públicas que ofereçam a elas oportunidades para se relacionarem; divulgar a solidariedade e motivar as pessoas a vivê-la; investir em educação para que ela possa ajudar as pessoas a viverem em grupo e serem tolerantes.

> Se faz necessário: humanizar as pessoas.

Também nessas questões a Igreja, por meio da Pastoral Juvenil, pode contribuir.

Pistas de ação

1. Criar espaço de interatividade entre as culturas juvenis, valorizando: a dança, a arte, a poesia, a música...
2. Fomentar fóruns de debates sobre a questão dos direitos humanos
3. Criar espaço nas redes sociais onde os jovens possam se manifestar.

4

DIVERSIDADES DE JUVENTUDES NA IGREJA DO BRASIL

A história

Até o Vaticano II, não havia nos documentos da Igreja do Brasil menção às juventudes do país. Mas, sabemos, as juventudes de congregações religiosas e outros movimentos juvenis eram grandes e muito organizados nacional e internacionalmente. JUFRA (juventude franciscana), Movimento Juvenil Salesiano, Juventude Marista, Juventude Marial, entre outros, viviam a sua fé nos ambientes religiosos que frequentavam e mantinham seus encontros de aprofundamentos e unidade em todo Brasil e internacionalmente. Após o Vaticano II, vem a Ação Católica, movimento com a intenção de formar leigos para a missão da Igreja, fato que mobilizou o surgimento de diferentes organizações da juventude católica, tais como JUC (Juventude Universitária Católica), JIC (Juventude Imagem de Cristo), JOC (Juventude Operária Católica), JEC (Juventude Estudantil Católica), que depois se transformam em Pastorais da Juventude. Um pouco mais a frente, por volta de 1980, nascem e crescem os movimentos juvenis ligados à espiritualidade da Renovação Carismática, e também florescem muitas novas comunidades com a mesma espiritualidade. Cada grupo tem a sua peculiaridade, enriquecendo a Igreja com o seu jeito jovem de evangelizar.

> *Cada grupo tem a sua peculiaridade, enriquecendo a Igreja com o seu jeito jovem de evangelizar.*

A organização

Por volta de 2004, a CNBB começa a se preocupar em construir um documento que possa orientar a Evangelização da juventude e oferecer uma estrutura que valorize a diversidade na unidade. Num primeiro momento, nasce o Estudos da CNBB n. 93, intitulado *Evangelização da Juventude: desafios e perspectivas pastorais*. Esse documento foi encaminhado para todas as bases das dioceses do Brasil. Os jovens e adultos o estudaram e enviaram suas contribuições para a comissão organizadora da CNBB. O texto, então, recebeu acréscimos e foi entregue aos Bispos na assembleia de abril de 2007, em Itaici – SP. Nessa assembleia, os bispos aprovaram o Documento 85 – *Evangelização da Juventude: desafios e perspectivas pastorais*. Nesse documento há uma rica orientação dos bispos, o chamado SETOR DIOCESANO DE JUVENTUDE (SDJ). Esse espaço tem a missão de unir todas as expressões juvenis (pastorais da juventude, movimentos, novas comunidades, congregações, jovens de crisma, animação vocacional e pastoral universitária, entre outros), para que juntas pensem a Evangelização das juventudes. Em cada diocese o bispo delega um padre ou religioso/a para acompanhar esse espaço.

Aqui é importante deixar claro que o SDJ deve respeitar a espiritualidade e o jeito de ser de cada expressão juvenil. Cada uma delas tem sua forma de ser Igreja no mesmo espaço diocesano. Cada expressão enriquece a Igreja com sua espiritualidade e ao mesmo tempo faz uma Igreja mais jovem. Aqui está a riqueza do protagonismo juvenil somado à identidade de cada expressão.

> Cada expressão juvenil tem sua forma de ser Igreja.

Todas as expressões juvenis são convidadas a construir seus projetos pastorais em sintonia com as oito linhas de ação do Documento Evangelização da Juventude.

Pistas de ação

O acompanhante ou assessor do grupo jovem deve:
1. Estudar os documentos da Igreja que falam de juventude
2. Aprofundar como é organizado o Setor Diocesano de Juventude
3. Procurar conhecer as expressões juvenis que existem dentro da Igreja.

5 PROTAGONISMO JUVENIL

As expressões juvenis nascem porque houve na sua maioria o protagonismo de algum jovem ou alguns jovens que sonharam com alguma causa. Essas causas foram compartilhadas com outros jovens que aderiram a elas e fundaram um grupo, movimento, nova comunidade, etc.

Em cada época da sociedade os jovens protagonizam ações que revolucionam o mundo ou o país ou a cidade ou o bairro. Podemos citar como exemplo a Primavera Árabe, nome dado a série de protestos contra governos autoritários da região do Oriente Médio, que teve início em 2010 e revolucionou as estruturas políticas em busca de liberdade e de conquistas de direitos. Esse movimento, que começou localizado em um lugar, é partilhado e acompanhado pelo mundo inteiro.

Na Igreja há milhões de ações de jovens em prol de pobres, doentes, imigrantes, dentre outros grupos. Fora da Igreja, são muitas ONGs que nascem para defender uma causa, como proteção ao meio ambiente, às nascentes, aos indígenas, aos patrimônios históricos, direitos humanos, e outros. O Papa Francisco no seu discurso na Jornada Mundial da Juventude, no Rio de Janeiro em julho de 2013, convocou a juventude a ser protagonista de uma nova história. Esse protagonismo juvenil na construção de uma nova história, como proposto pelo Papa Francisco, se compreende dentro e fora da Igreja:

1. **Dentro da Igreja:** à medida que as expressões juvenis são reconhecidas e inseridas nos espaços eclesiais como sujeito de direito, o protagonismo juvenil dentro da comunidade pode ser mais eficaz, em especial quando acompanhado pelos adultos. Assim os jovens, no seu processo de amadurecimento da fé e na construção do projeto de vida, irão se fortalecendo como discípulos e missionários de Jesus Cristo.
2. **Fora da Igreja:** fortalecer a consciência política dos jovens que compõem as expressões juvenis para que o protagonismo aconteça nas reivindicações de políticas públicas que garantam educação, saúde, cultura, lazer efetivos.

Outro aspecto importante nesse processo de protagonismo é o jovem tomar consciência do seu papel de leigo cristão na sociedade. Com o testemunho dos valores éticos e a defesa da vida, o jovem leigo faz a diferença no meio onde vive. Nesse sentido o adulto tem um papel fundamental, tanto do ponto de vista do testemunho como do acompanhamento, para que os jovens possam ter modelos a seguir.

Diante do apelo do Papa Francisco, a Pastoral Juvenil no Brasil tem proporcionado capacitações contínuas, propondo cursos de: acompanhamento de adolescentes e jovens, formação continuada de coordenadores de grupos e lideranças juvenis, capacitação de assessores e curso de missiologia, além de cursos de políticas públicas e comunicação, previstos para os próximos anos. Os encontros nacionais também são demonstrações do desejo de acompanhar adolescentes, jovens e adultos para que, à luz do documento Evangelização da Juventude e do Plano Trienal da Pastoral Juvenil (www.jovensconectados.org.br), todas as expressões juvenis possam estar em sintonia com a Igreja e fortalecidos no meio da sociedade.

Pistas de ação

1. Apresentar o site www.jovensconectados.org.br para a expressão juvenil que é acompanhada.
2. Convidar os jovens a fazer os cursos que são oferecidos (www.jovensconectados.org.br) pela CNBB e criar rodas de conversa de aprofundamento sobre os temas abordados.
3. Levar os jovens a conhecer os espaços de políticas públicas para a juventude que existem no seu município.

CONCLUSÃO

Considerando que o jovem é filho do seu tempo, nós adultos, ao atuarmos como agentes/animadores e acompanhantes/formadores, somos convidados a conhecer a cultura juvenil para que a partir dela possamos contribuir para o processo de formação integral do jovem. Para tanto, quanto mais próximos formos dos jovens e adolescentes, mais poderemos ajudá-los na elaboração do projeto de vida e no amadurecimento do seu itinerário da educação na fé.

Vale lembrar, nesse processo de acompanhar os jovens, que eles têm sido a alma dos grandes avanços que a sociedade tem vivido. Diante dos contextos a que são submetidos, vemos nos jovens olhares de medo, mas ao mesmo tempo olhares de esperança, pois não deixam de sonhar. Por isto entende-se que essa porção da sociedade traz o rosto jovem de Deus, diante do qual nós, animadores/assessores/acompanhantes, somos chamados a exercer o nosso ministério a exemplo do modo de agir de Jesus junto dos discípulos de Emaús. Fazer o coração do jovem arder por causa do encontro com o Ressuscitado deve ser a nossa maior alegria, mas ver o jovem exercer a sua missão na pregação e testemunho do Evangelho é a nossa maior realização.

> **Fazer o coração do jovem arder por causa do encontro com o Ressuscitado deve ser a nossa maior alegria, mas ver o jovem exercer a sua missão na pregação e testemunho do Evangelho é a nossa maior realização.**

As pistas de ação deverão contribuir com os animadores/assessores/acompanhantes nos processos de trabalho com os jovens.

Desejo que os adultos que atuam com jovens os fortaleçam para que não deixem de brilhar e para que tenham uma alma nobre para que o rosto de Deus não venha faltar.

Capítulo II

O CHAMADO, O CAMINHO E A ESCOLHA

Pe. Elias Silva

INTRODUÇÃO

Cada vez mais se faz necessário em nossa comunidade e sociedade uma proposta concreta para um caminho seguro. Nossos jovens, de uma maneira especial, se encontram em meio a tantas vozes e situações que, em muitos casos, dificultam a reta escolha para algo que os realize de fato. Todos aqueles que têm a sublime missão de ser um sinal que aponta para algo concreto para a dinâmica pessoal e coletiva precisam ser ousados e ter a coragem de propor o bem e a felicidade como destino único de todo o ser humano. Para tanto, é importante apresentar, de modo especial para a juventude, o convite necessário para que olhem pra si mesmos e se questionem sobre seus anseios mais profundos e sinceros, visando levá-los a realizar escolhas concretas que transformem suas vidas e de seus pares.

> **Cabe aos animadores da Juventude nas comunidades a missão de ser luz na vida de nossos jovens.**

Nessa perspectiva cabe aos animadores da Juventude nas comunidades a missão de ser luz na vida de nossos jovens, ajudando-os em seu desenvolvimento humano e espiritual. Esta missão precisa ser valorizada cada dia mais, porque as trevas têm se apresentado, atraentemente, de uma maneira ousada. Entendemos, aqui, as trevas como toda a situação que impede o jovem de se decidir verdadeira e sinceramente por uma missão que o realiza, pelo estado de vida para o qual Deus o chamou, por uma profissão que o realiza e, até mesmo, por relacionamentos – que, por consequência, têm se tornado voláteis e sem uma reflexão necessária, visto que se escolhe alguém e a ela se promete amor eterno, contudo, sem nenhum discernimento.

> **Não sejamos tímidos na proposta do bem e da verdade.**

Vamos propor para nossos jovens e adolescentes que há uma realidade verdadeira e sublime, para qual eles foram criados por um Deus que os ama infinitamente. Não sejamos tímidos na proposta do bem e da verdade.

1

DESEJO DE SER FELIZ

O mais sincero desejo que possuímos talvez seja o de ser feliz! E por este motivo, nós que ajudamos os jovens no seu caminho cristão, que temos a oportunidade de adentrar em seus corações e ajudar a moldar suas consciências, precisamos assumir como missão inicial nossa própria caminhada em busca da felicidade sincera e verdadeira, para que possamos não apenas falar para eles sobre como ser, pensar e agir, mas testemunhar com a nossa própria vida.

Faz-se necessário explorar com os jovens o Livro da Vida, a Sagrada Escritura, que nos encaminha e guia em nosso desenvolvimento pessoal e comunitário. Contemplamos logo nas primeiras páginas da Sagrada Escritura um belo relato de amor e cuidado para com o ser humano, segundo o qual Deus, não contente em fazer tudo aquilo que era "tão bom" (Cf. Gn1,25), tece a mais bela criatura, digna de ser assemelhada à Ele; sim a fez à sua "imagem e semelhança (Cf. Gn1,26)" e isto a eleva diante de tantas criaturas também amadas. Deus, em seu plano original de amor para com o ser humano, o capacitou com o poder de amar e com o anseio de ser amado e, acima de tudo, de ser feliz.

> Contemplamos na Sagrada Escritura um belo relato de amor e cuidado para com o ser humano.

É muito importante, e raiz de nossa fé, sentir o poder da redenção na cruz, aquelas "chagas pelas quais fomos curados" (cf. Is 53,5) e, a partir delas, ressignificados e reorientados para aquilo que naturalmente fomos feitos. Mas vamos agora migrar nosso olhar da redenção para a criação, onde o amor de Deus se expande e faz com que, pelo seu poder, exista uma criatura que carrega sua marca mais indelével, seus rastros de eternidade, sua potencialidade de amar, enfim, que tem a capacidade de refletir aquilo que Ele mesmo É.

Infelizmente pouco ou quase nada tem sido dito aos nossos jovens sobre o plano original de amor de Deus por cada um de nós, plano este que está repleto de esperança, pois Ele coloca dentro de cada um de nós o desejo de ser feliz, de

> **Ninguém foi criado para algo pequeno.**

não se contentar com qualquer coisa, nem com qualquer realidade. Ou seja, ninguém foi criado para algo pequeno, cada um de nós foi criado para ser plenamente feliz e construir, na liberdade de criatura amada, uma história marcada por este amor. Não podemos deixar que nossos jovens e adolescentes esqueçam esta verdade: fomos criados por amor e para amar, e como consequência natural Ele nos pensou e teceu com este anseio pelo bem e, em última instância, por Ele mesmo, que é a plena verdade, felicidade e realização.

Devemos ser arautos da verdade da criação para cada pessoa que de nós se aproximar, mas de uma maneira especial para nossos jovens e adolescentes, pois isto vai influenciar todas suas escolhas e decisões. Em cada ser humano se vislumbra a perfeição da criação, e não há "defeito de fábrica", não há riscos de frustrações e nem de decepções com o que foi planejado para cada um. Assumir o que Deus nos fez para ser constitui-se no mais alto grau de realização, e aqui não se trata de uma autorrealização egoísta, mas sim de identidade. Assumir quem Deus me fez para ser – eis a verdadeira liberdade e autenticidade que precisamos propor ousadamente para nossos grupos juvenis.

> **Não podemos deixar que nossos jovens esqueçam esta verdade: fomos criados por amor e para amar.**

Precisamos, através de reflexões e pedagogias próprias, fazer com que nossos jovens olhem para dentro de si e percebam que dentro do seu coração há este grande anseio, e que assumi-lo garante coerência com o plano de amor e com o projeto de felicidade de Deus. Por isso que, na nossa vida, assumir o que Deus quer para nós constitui um valioso caminho de identidade e autenticidade, pois, na verdade, sem máscaras e subterfúgios colocamos a verdade do nosso coração diante da verdade do coração de Deus, de onde emana a nossa própria essência. E aqui não podemos imaginar que este discurso, até mesmo poético, possa ser pensado longe de nossa vivência, pois é exatamente nela, no dia a dia, nas escolhas e decisões, que vamos nos constituindo uma verdade ou mentira, diante de nós mesmos, de nossos pares e de Deus.

Precisamos retirar nossos jovens do comodismo das escolhas fáceis, dos caminhos mais curtos e das soluções superficiais, e para isso devemos, junto com eles, refletir e perceber a verdade de Deus em nossa humanidade.

Conhecemos muitas pessoas que se perderam em meio a tantas coisas e pessoas que lhes foram apresentadas como modelo, critério e inspiração e fizeram com que elas já não conseguissem olhar para elas mesmas, pois a impressão que se tem é que já não há mais alguém debaixo de tantas máscaras e ideias, e a tristeza surge com uma constatação: "*eu não sei mais quem sou*". E é claro que, a partir desta constatação, caminhar e assumir projetos torna-se um fardo, pois o verdadeiro sentido, a essência foi sendo esquecida, e a felicidade passa a ser apenas um ideal, longe de se realizar e difícil de se aceitar. Como é sofrida a realidade de tantos jovens que caminham sem perceber o caminho que percorrem, sabem que existem, mas se esquecem de Quem os fez e ainda mais para que foram feitos.

Se nos dedicarmos a olhar com atenção as páginas do Antigo Testamento, veremos que o ser humano, após sua ruptura com o plano de amor de Deus para com ele, vai caminhar buscando se realizar em tantas coisas e/ou pessoas, e o resultado é sempre o mesmo: uma falsa ideia de realização e completude. E da parte de Deus, O vemos sempre indo ao encontro do ser humano, convidando-o ao retorno e o auxiliando a voltar para aquilo que o fez ser ele mesmo. Todo o Antigo Testamento é um grito de Deus convidando o ser humano a voltar ao seu plano de amor. Grito que se consuma na Cruz do Filho, que resgata e reconstrói aquele plano de felicidade no coração humano.

> **Todo o Antigo Testamento é um grito de Deus.**

Realizar a missão de acompanhar os jovens é, na verdade, fazer com que voltem ao seu próprio eu, sua identidade, e, assim, retornem ao momento ao momento primeiro quando Deus amorosamente foi nos tecendo, construindo-nos por inteiro, e a partir daquele momento nos garantindo a inteireza desejada por Ele mesmo. E das mãos do Criador, nascemos completos, sem faltas e medos, e é a partir desse momento que precisamos nos constituir, por meio de nossas escolhas e decisões.

Há, sim, tantas vozes e caminhos a nos cercar, mas é impossível conseguir um adequado processo de escolha por Deus se antes o ser humano não olhar para si mesmo e coerentemente encontrá-Lo no coração. Aquele que Santa Tereza De Ávila chama de coração profundo, ou seja, o "lugar" em nós onde Deus fala e habita, onde não há possibilidade de mentira, onde o grito de amor em nós convoca-nos à autenticidade. Pode acontecer de este, infelizmente, estar sujo, esquecido ou perdido, mas nunca estará sem vida, pois é o próprio Espírito Santo que o alimenta, e tem como fonte eterna o coração do Pai e do Filho.

> **É preciso retornar à vida, garantida pela autenticidade de ser imagem e semelhança de Deus.**

Nossa missão é auxiliar nossos jovens e adolescentes para que se voltem para seu coração profundo e encontrem lá o verdadeiro tesouro, que tantas vezes insistiram em negar. E nesse encontro continuará o grande milagre da criação, e a partir dele, sendo quem são, e não apenas quem se tornaram, assumirão sua autêntica missão. Enfim, é preciso retornar à vida, garantida pela autenticidade de ser imagem e semelhança de Deus.

Pistas de ação

Para auxiliar os jovens na reflexão sobre sua vida, missão e vocação, sugere-se realizar um momento em que lhes seja apresentada uma pequena introdução sobre o tema e, em seguida, dividi-los em duplas ou trios, para que possam partilhar sobre si mesmos a partir das questões apresentadas na sequência. Para esta dinâmica convém destacar a importância de ouvir a experiência do outro, que em muitos casos pode ajudar alguém do grupo. Após a partilha, os jovens devem voltar a formar um grande grupo, e quem estiver conduzindo o momento dará continuidade à reflexão sobre o tema e os motivará a relatar como foi a experiência de partilhar e qual das questões foi mais difícil de responder.

Precisamos fazer algumas perguntas que auxiliarão aqueles com os quais estamos colaborando na missão de serem mais autênticos seres humanos e seguidores de Cristo, colocando-os, assim, diante de si mesmos e do próprio Deus-Amor que os fez. Durante o processo de acompanhamento dos jovens faça com que eles se questionem sinceramente sobre estes temas.

- Você tem vivido a partir dos seus próprios anseios ou tem vivido sem questionar a verdade de suas escolhas?
- Você tem lutado em sua vida para buscar coerentemente aquilo que grita em seu coração?
- E ainda mais, o caminho que está trilhando tem levado você à verdadeira felicidade? Caso não, o que falta para coerentemente escolhê-lo?

Enfim, é necessário ter a ousadia de viver o projeto de ser filho de Deus, que se abandona ao cuidado do Pai. É preciso motivar os jovens para que ousem sonhar coisas grandes.

2

VOCACIONADO, EU?

Na missão de acompanhar os jovens no processo de seguimento de Cristo e realização de sua missão própria nas diversas dimensões da vida, precisamos levá-los a refletir sobre sua vocação específica, ou, ainda mais, se eles se consideram vocacionados. O acompanhante/agente de pastoral precisa de antemão levá-los a refletir sobre esta verdade, que todos nós somos, sim, vocacionados, mas para isto é preciso compreender, ao menos sucintamente, o percurso histórico de como se deu a compreensão do ser vocacionado.

Como é comum ouvirmos e falarmos o termo vocação, e talvez seja por causa disto mesmo, por tanto falar e pouco entender, fica algo como se fosse um jargão, uma palavra da Igreja que não tem muito a ver com minha realidade. Uma palavra que cantamos, rezamos, pregamos, ouvimos, mas que infelizmente a grande maioria das pessoas "da Igreja" não compreende.

> **Vocação, palavra que cantamos, rezamos, pregamos, ouvimos, mas que infelizmente a grande maioria das pessoas "da Igreja" não compreende.**

Talvez uma das causas para este mal-entendido e recusas públicas em falar para si mesmo sobre vocação seja a própria história que trilhou a concepção vocacional e o termo vocação. Em um momento áureo de nossa cristandade – e aqui não me refiro a um período propriamente histórico da cristandade, na Idade Média, mas sim ao período em que em nosso país ser cristão e católico era inerente a maioria das famílias, e por esse motivo – a escolha em ser sacerdote e religiosa(o) se tornara comum nas famílias brasileiras. Contudo, é chegado o momento, com o passar do tempo, em que as famílias brasileiras, empurradas pelas necessidades sociais, econômicas e políticas, já com um número reduzido de filhos, vivem a urgência em conseguir um lugar econômico e político um pouco melhor, com isso, a experiência eclesial passa por uma mudança, consequência do fato de os filhos que antes trilhavam o caminho de uma vocação específica ao sacerdócio e à vida religiosa já não mais fazem tais escolhas, pois precisam se preocupar com tantas outras necessidades.

Logicamente, não queremos reduzir a escolha vocacional a uma situação socialmente favorável ou desfavorável, mas, de forma geral, queremos ressaltar a influência destas na escolha vocacional dentro de nossas famílias e sociedade. Com esta mudança de consciência eclesial e de fé, a Igreja se vê em um problema desconcertante, pois o número de ingressos nos seminários e conventos começa a diminuir; por isso, como uma ação necessária e urgente, foi preciso fazer algo para que no futuro não houvesse uma difícil realidade quantitativa.

Foi assim que se começou a falar de uma maneira mais aberta e insistente sobre vocação. Contudo, pelo próprio contexto, a vocação ficou limitada ao sacerdócio e à vida religiosa, como se fossem estes os únicos caminhos pelos quais o ser humano pudesse se ver como um vocacionado.

É de grande importância compreendermos este percurso histórico do contexto vocacional, pois isso facilita nossa abordagem do assunto com nossos jovens e nos permite propor da maneira correta o verdadeiro sentido do ser vocacionado. Precisamos, pois, suprimir nos nossos acompanhamentos a antiga consciência coletiva eclesial, segundo a qual ao falarmos de vocação, ou ser vocacionado, nos remeteríamos somente àqueles que ingressarão no seminário ou nas casas religiosas. Essa consciência ficou arraigada em nós, passando de geração em geração, não por maldade, até mesmo por nossos ministros, religiosos e consagrados.

Há vários anos, a Igreja tem buscado assumir o verdadeiro sentido e significado da palavra vocação e, assim, tentado fazer com que a consciência vocacional se expanda da maneira correta, construindo uma urgente Cultura Vocacional em nossas comunidades e famílias. O acompanhador vocacional é um agente dessa nova cultura, segundo a qual o chamado de Deus é para todos, e não somente para um grupo de "eleitos" e "superiores", e por este motivo precisa ser vivido por todos os seres humanos, com base na verdade de cada um e na especificidade da missão.

Temos que deixar cada vez mais claro, por mais repetitivo que possa parecer, que Vocação vem da palavra *vocare*, que quer dizer chamado. Há alguém que chama e outro que responde, é sim um diálogo. Mas chama a que? E para onde? Sabemos que Deus chama e o ser humano responde, eis o encontro das duas liberdades.

O primeiro grande chamado feito para o ser humano é à vida, este dom maravilhoso que recebemos das mãos de Deus, e junto com ele é confiado a cada um o desejo de buscar a Deus, a felicidade e a santidade. Estes são comuns a todos os filhos de Deus, pois todos somos "*vocacionados*" à vida e à santidade. E a partir deste digno chamado, cabe a cada um se perguntar: *onde devo viver meu chamado à vida e à santidade?* Para qual caminho específico Deus me convidou? Pois diante destas questões descubro, com o auxílio da graça de Deus, minha vocação específica, seja o sacerdócio, a vida religiosa, vida matrimonial, consagrada ou de leigo celibatário. Enfim, assim descobrimos que todos nós somos chamados, somos vocacionados a seguir Jesus, nos configurando a Ele. Para tal faz-se necessário perguntar como o jovem de Assis fez: "Senhor, o que queres que eu faça?"

> O primeiro grande chamado feito para o ser humano é à vida.

Esta concepção supera aquela antiga ideia de vocação, de que somente alguns eram chamados, como se fossem os melhores ou escolhidos. Que em nossos projetos pastorais com os nossos adolescentes e jovens esteja bem clara esta verdade: somos, sim, todos escolhidos. E isto precisa fazer com que eu queira realizar em minha vida o plano de amor de Deus, assumindo o que sonhou para mim e que somente eu posso realizar. É importante ressaltar, também, que toda a escolha requer uma preparação para assumi-la e uma correspondente responsabilidade.

> Toda a escolha requer uma preparação para assumi-la.

Levemos nossos jovens às páginas do Evangelho, nas quais encontramos Jesus Cristo, que logo no início de sua vida pública encontra com aqueles homens à beira do Mar da Galileia, aqueles simples pescadores, que, inspirados pela Palavra de Cristo, deixam tudo e O seguem (Cf. Lc 5, 1-11). E há muitos outros relatos do convite feito para o seguimento de Cristo que não foram feitos há mais de dois mil anos; ainda hoje, no Mar da Galileia de cada um, é escutado o mesmo convite: "*Vem e segue-me*".

O convite de Jesus ainda hoje, com uma força surpreendente, chega aos ouvidos de tantos que respondem com a vida, mas, infelizmente, há tantos que escolhem não escutar e continuam caminhando à beira do caminho, se perdendo na constante busca de se encontrar.

Faz-se necessário, pois, construir e promover uma Cultura Vocacional em nossas comunidades, para que cada um se reconheça chamado por Deus, vocacionado a cumprir uma grande missão, e, assim, todos possam dizer: "Sou vocacionado, graças a Deus!" Nunca foi tão urgente fazer com que nossas comunidades se reconheçam como uma assembleia de chamados, e também de homens e mulheres que chamam outros futuros apóstolos do Cristo, seja na vocação sacerdotal, religiosa, matrimonial ou consagrada. Não tenha medo de propor as vocações onde você estiver, assumindo sua missão de anunciador do chamado de Deus, relembre sempre aos nossos jovens que Jesus Cristo nunca deixou de chamar, por um motivo muito simples: Ele nunca deixa de amar. E, assim como Ele nos ama, quer nos ver próximos, seguindo seus passos, nos configurando a Ele nas mais diversas vocações.

> **Jesus Cristo nunca deixou de chamar, por um motivo muito simples: Ele nunca deixa de amar.**

Ao escutar a voz de Deus, que nos fala de tantos meios, precisamos nos inquietar e buscar respondê-La, seja por qual caminho for, e ter a certeza que Ele não nos abandona. Fiquemos entusiasmados com a verdade do chamado de Deus em nossa vida e, assim, conseguiremos fazer com que os jovens que estão conosco também se entusiasmem e abracem sua missão.

Levemos os jovens a contemplar sempre a iniciativa de Deus em seu chamado, pois é Dele sempre o primeiro passo, para nos encontrar e nos enviar. Cabe a nós ouvir e responder com o dom da nossa vida, sendo oferta viva na Igreja para tantos que precisam, sendo instrumentos para reconstruir a ponte entre Deus e os corações, para que eles também assumam seus chamados no plano de amor de Deus para a humanidade.

E a Vocação se dá também dentro do contexto da gratidão, pois reconheço que sou muito amado por Ele e que em um determinado momento da minha vida, no "meu mar da Galileia", ouvi chamar meu nome e disse sim àquela vocação especifica, e por este motivo com a gratuidade de filho me oferto.

> **A Vocação se dá também dentro do contexto da gratidão.**

Por isso é tão importante fazer com que os jovens, mesmo em meio a tantas questões contraditórias, sejam despertados para a gratidão, de tudo receber de Deus, pois um coração grato gera gratuidade, e isto é um bonito sinal de um coração que se reconhece chamado.

Pistas de ação

Neste momento, prepare um ambiente oracional, em torno de alguns símbolos, como cruz, imagem de Maria, Sagrada Escritura, terço e outros próprios da realidade dos jovens. Providencie papel para anotação e caneta para todos.

Inicie com uma música, pedindo ao Espírito Santo para que os ilumine. Quem está conduzindo deve motivar a reflexão pessoal sobre o tema proposto e as respostas às perguntas sugeridas na sequência – que devem ser anotadas no papel que receberam. Pode-se também iniciar com a leitura de um texto bíblico para iluminar ainda mais a reflexão pessoal. Após apresentar cada pergunta, pode-se entoar um canto. E, ao final, pode-se propor um momento de oração, agradecendo a Deus pelo dom da vida e do chamado de cada um.

Precisamos, urgentemente, fazer com que nossos jovens se questionem sobre sua percepção e atuação como um ser vocacionado, alguém que foi chamado e escolhido para uma missão própria e autêntica. Questione:

- *Têm percebido o chamado de Deus em sua vida?*
- *Como cada um tem vivido seu primeiro chamado à vida e santidade, para assim conseguir responder à sua vocação específica?*
- *E, ainda, fazer com que os jovens se observem no seu dia a dia, motivando-os com as questões:* têm se percebido gratos *diante de Deus? Têm buscado viver a gratuidade? E conseguem se reconhecer vocacionados do Pai?*

Enfim, ajude cada jovem, a partir destas reflexões sinceras, a dizer com o coração grato: sou vocacionado, graças a Deus! Esta verdade precisa ser resgatada dentro de cada ser humano, pois a partir dela fica mais fácil perceber qual o caminho específico a seguir diante das possibilidades que são apresentadas.

3

POSSIBILIDADES E CAMINHO

Partindo da realidade de todos serem chamados por Deus para uma missão específica, e, ainda mais, que todos somos vocacionados à vida e à santidade, precisamos convidar, sem medo, os jovens a refletir sobre sua missão própria, seu caminho específico, algo que somente cada jovem pode realizar. Aquele chamado que está em seu coração, a sua verdade diante do chamado de Deus. Devemos, também, encorajá-los, visto que em algum momento da vida precisarão se questionar e se colocar diante das possibilidades, pois Deus nos garante a liberdade de filhos para realizar as escolhas.

Neste momento da vida do jovem, quando ele se vê com inúmeras possibilidades – pois de fato são –, é imprescindível que tenha a devida orientação para conseguir enxergar o caminho correto, que será responsável pela sua realização pessoal, profissional, relacional e existencial.

> **Escolha vocacional não é entre algo ruim e algo bom, mas sim entre algo bom e algo melhor.**

Temos, também, a missão de relembrá-los sempre do chamado à santidade, esteja onde estiver: no seio de sua família, junto aos seus colegas no trabalho, na faculdade, na escola ou em formação específica para um estado de vida específico. A santidade em seu caminho é o primeiro passo para o seguimento correto da escolha.

Na vida há várias possibilidades: casar-se, fazer aquele curso superior, aquela especialização, ser sacerdote, ser religiosa(o), ser missionário; enfim, muitas são as possibilidades que o jovem tem a seu dispor, e daí muitas vezes vêm as crises, pois quando coloca uma diante da outra surgem a tensão e a angústia, uma vez que a escolha vocacional não é entre algo ruim e algo bom, mas sim entre algo bom e algo melhor. Todos são caminhos dignos que o levam a se configurar ao próprio Cristo, cada um na sua própria dimensão eclesial. Contudo, é preciso fazer com que o jovem descubra o chamado, aquilo que já está em seu coração. Pois vocação não se inventa, mas se descobre, fazendo vir à realidade existencial aquilo que já é latente em seu coração.

> **Vocação não se inventa.**

Por isso, podemos dizer que temos várias possibilidades, mas somente um caminho. Sim, pois é este caminho que vai me garantir ser quem eu nasci para ser – e aqui falamos de identidade, de coerência entre minha verdade e minha escolha. A partir do momento em que eu aceito realizar a vontade de Deus em minha vida, de maneira livre, me percebo cada dia mais autêntico e verdadeiro, pois esta é a verdade da minha vida, de todo meu ser.

Caro leitor e animador juvenil, falar de escolhas e caminhos se faz necessário nesta época em que nada parece ser absoluto, em que escolho um caminho por conveniência ou praticidade, e carrego a consciência de que se não der certo volto e escolho outro, e isto de maneira, por vezes, repetidamente inconsequente. Claro que os recomeços, em muitos casos, são necessários e dignos de um filho de Deus, mas o que se questiona aqui são as motivações para tal escolha, isto é, que se vislumbrem apenas as possibilidades – que são tantas –, e se esqueça de olhar para si mesmo e se perceber chamado para um caminho, e não para viver as diversas, se não todas, possibilidades.

Lembremos aos nossos jovens que não importa qual o caminho escolhido, dentre as inúmeras possibilidades, sempre haverá dores e percalços existenciais. Ou seja, o sofrimento, que faz parte de nossa condição, sempre existirá, e cabe a cada um saber lidar com as situações de fragilidades encontradas, seja nos relacionamentos, na profissão escolhida, na vida consagrada ou sacerdotal. E, dado que para cada escolha cabem renúncias próprias, é preciso nos esforçarmos para que compreendam que o sim dado a esta ou aquela missão me coloca naturalmente em oposição a outro caminho e a outra possibilidade, gerando assim inúmeros 'nãos', que são frutos do meu 'sim', que livremente manifestei.

Para cada escolha cabem renúncias próprias.

Neste ponto também há uma grande confusão entre livre arbítrio e liberdade. Temos o livre arbítrio para escolher qualquer que seja a possibilidade. Quando me deparo com uma encruzilhada e escolho um caminho, por alguma motivação externa a mim ou até mesmo por algo que me apetece e parece ser mais rápido e prático, isto é livre arbítrio, que todos nós temos, mas precisamos educá-lo. Liberdade, por outro lado, é quando me deparo com a mesma encruzilhada, com as mesmas possibilidades, mas volto meu olhar para mim mesmo e procuro perceber qual meu caminho e minha autenticidade. Na liberdade de filhos de Deus percebemos que temos, sim, inúmeras possibilidades, que podem até parecer dignas e bonitas, mas há apenas um caminho que vai fazer com que nós sejamos quem nascemos para ser, e percebemos neste momento nossa identidade, que nos garante a liberdade e felicidade, que estão inscritas no nosso coração.

Ao escolher este caminho, eu escolho "entre o bom e o melhor", pois este melhor é minha essência e identidade mais pura, é o que me inspira no doar-me na gratuidade. E neste caminho, não estou sozinho, Ele está comigo, me guiando e auxiliando na aceitação e superação de tudo que pode fazer com que eu queira desistir.

Cabe ao ministério do acompanhamento ajudar os jovens e adolescentes a perceber que Deus não vai nos obrigar a escolher este ou aquele caminho, mas que na liberdade percebemos para o que fomos feitos. E aqui não devemos pensar em uma utilidade fria e vazia: escolher por que vou ser útil neste ou naquele lugar, para esta ou aquelas pessoas. A escolha, como já foi dito, remete a minha identidade e essência. Na escolha vocacional, o ser supera infinitamente o fazer: todos nós nascemos para ser, e como consequência fazemos muitas coisas. Ir. Elizabeth Ellen Sweeney (1931- 2016), fundadora do Instituto das Irmãs Franciscanas da Divina Misericórdia, sempre dizia: "*A melhor coisa que podemos fazer é ser*". Ela descobriu e viveu a beleza da sua identidade e essência em Deus. É triste ver tantas escolhas sendo feitas pelo fazer algo, ou motivadas pelas recompensas, pois não é algo profundo, mas desdobramento das escolhas de alguém que se acostuma a viver na superficialidade.

> **Todos nós nascemos para ser, e como consequência fazemos muitas coisas.**

Na história da humanidade, Deus vai construindo a história de salvação, com sua fidelidade diante da infidelidade do povo, e, assim, vai fazendo com que o ser humano assuma sua missão diante da criação e da vida em si. Assim é, também, conosco, Deus constrói uma história pessoal de salvação com cada um, partindo da verdade da criação amorosa, perpassando nossas infidelidades e aguardando fielmente, como um Pai à espera do filho amado, nossa resposta de amor, que se consuma na escolha do caminho que nos leva e eleva a Ele.

> **Deus constrói uma história pessoal de salvação com cada um.**

Precisamos fazer com que os jovens compreendam que quanto mais procuramos nós mesmos, mais encontramos Deus. Esta verdade, dita e vivida por tantos santos, se consuma no momento que estamos diante de tantas possibilidades e escolhemos, a partir de nossos questionamentos e busca pela verdade, o caminho que nos garante a autenticidade de filhos que abraçam a vontade de Deus Pai em sua vida, sonhando o que Ele sonhou para cada um de nós.

Diante das possibilidades e ao perceber nossa verdade – o chamado de Deus em nossa vida –, precisamos junto com os jovens dizer o nosso sim: *"Eis-me aqui, faça-se em mim tua vontade"* (Cf. Lc 1,38). Mas este sim traz em si muitos nãos, pois implica renúncia e abandono. E, em muitos casos, são estes nãos que impedem a escolha pelo verdadeiro caminho. Contudo, tantos se esquecem que são exatamente eles que vão garantir a beleza do sim, quando você demonstra, de fato, sua escolha e decisão livre em ser aquilo que você é, diante dos olhos de um Deus que te ama tanto e por este motivo te chama sempre. Tenham a coragem de propor aos jovens que se abandonem diante deste Deus que os chama para trilhar o seu caminho, pois Ele está contigo.

Pistas de ação

Peça aos jovens que formem uma grande roda e apresente a eles imagens e recortes de reportagens sobre jovens nos mais diversos contextos e escolhas de vida (imagens que retratem o desemprego juvenil, sexualidade, grupos de jovens da Igreja, jovens usuários de drogas, jovens profissionais, matrimônio, entre outros). Peça para cada um escolher uma imagem e explicar por que ela chamou sua atenção. E logo em seguida, apresente as questões para que possam desenvolver uma reflexão e partilhá-la com o grupo.

- Qual tem sido sua postura diante das várias possibilidades em sua vida?
- *Faça com que eles se questionem também sobre o seu chamado, sua missão diante de suas escolhas – ou as têm feito a partir da praticidade, gostos e prazeres? E ainda, se ao olharem para si mesmos* têm percebido os sonhos de Deus para *eles e a partir disto trilhado o seu caminho? E, talvez a mais difícil questão, se têm conseguido renunciar às várias possibilidades diante da sua verdadeira essência?*

Enfim, que diante das inúmeras possibilidades os jovens sejam capazes de escolher o seu caminho, partindo da verdade de Deus presente.

4

DECIDIR-SE. E AGORA?

Precisamos, também, ajudar nossos jovens a escolher o caminho no qual abraçarão o querer de Deus em suas vidas. Diante de tantas possibilidades, a escolha de um caminho não é tão simples. Os acompanhantes/assessores de grupo não podem minimizar esse processo, mas precisam levar em consideração que os jovens, no momento da escolha, são tomados por fragilidades que os petrificam, por medos, dúvidas e angústias. E o decidir implica ação, um gesto concreto. Aqui saímos do plano teórico e entramos no plano real e existencial, com as devidas consequências e repercussões sociais e pessoais.

> **Decidir implica ação, um gesto concreto.**

Neste momento é comum, especialmente aos jovens, dizerem para si mesmos: *e agora? O que faço? Não sei o que escolher, e nem minha vida de oração tem me ajudado!* É preciso orientá-los para que procurem redobrar a calma e, acima de tudo, a confiança no Pai que nos criou, pois Ele é o maior interessado em nos ver felizes e caminhando rumo à nossa realização Nele.

Primeiramente, o acompanhante/assessor de grupo precisa ajudar o jovem, para que ele saiba **olhar**, por mais óbvio que seja, para ter uma decisão inicial de buscar realizar a vontade de Deus em sua vida, pois somente assim poderá decidir olhar e questionar-se: qual o plano de amor de Deus para mim? Não é um simples olhar, mas uma decisão de olhar, por isso é importante orientá-los a sempre fazer esta oração: *"Senhor dai-me a graça de ter olhos e ouvidos espirituais para que possa ver e ouvir sua voz, perceber em minha vida seu toque e proteção"*. Com estes olhos espirituais fica mais fácil responder as dúvidas e angústias.

Depois deste primeiro momento em que o jovem decide olhar, faz-se necessário conduzi-lo para que ele **perceba** na sua vida e história os toques de Deus e busque interpretar os sinais que Ele tem usado para se comunicar amorosamente com ele. Todo processo de discernimento vocacional precisa partir da história pessoal de cada um, pois é nela que Deus habita, e quando a pessoa percebe isto fica mais fácil tomar a decisão, pois Deus deixa seus rastros de amor em cada momento. Perceber os sinais de amor é a garantia de um processo mais tranquilo de escolha diante das diversas possibilidades.

Depois de olhar e tentar perceber os sinais de Deus em sua história, cabe a pessoa a responsabilidade da **escolha**, pois, como já vimos, Deus nos garante o dom da liberdade diante das possibilidades. É importante, também, ajudar os jovens a perceber que precisam se **envolver** com a escolha, é responsabilidade pessoal responder ao dom, daí vem a gratuidade de se fazer dom. Infelizmente, por mais que perceba os sinais e toques de Deus, no processo de discernimento muitas vezes o sujeito pode deixar pra lá e fingir que não é com ele, ou talvez deixar para pensar nessa hipótese em outro momento, é um contínuo deixar para depois, e não há um envolvimento afetivo e efetivo com a necessidade de escolher. Contudo, o que muitos não se dão conta é que esta ação já é por si mesma uma escolha, já é outra possibilidade sendo escolhida.

> É responsabilidade pessoal responder ao dom, daí vem a gratuidade de se fazer dom.

Neste momento é imprescindível convidar o jovem a se questionar sobre quais as **motivações** que embalam esta ou aquela escolha. Na verdade, são as motivações que vão garantir a permanência neste ou naquele caminho. Diante das inúmeras possibilidades posso escolher aquelas que mais me apetecem, as mais vantajosas, aquelas onde minha turma se faz presente, ou até mesmo nem refletir sobre quais as verdadeiras motivações e escolher algo para que resolva logo aquele impasse. Como são frágeis estas motivações, pois partem de fora e tentam convencer o nosso interior, e como não se consegue tal convencimento, fica-se com a terrível resignação: "deixa assim mesmo, está bom", reinam o conformismo e a certeza quase plena que nunca será diferente. É preciso ajudar o jovem a questionar se suas escolhas são inspiradas nas verdadeiras motivações, ou seja, aquelas que fazem com que assumam o seu verdadeiro "eu", sua essência e identidade. A verdadeira motivação sempre traz o sujeito para fora de si mesmo, pois ele descobre que servir e se colocar à disposição é a consumação mais plena de todo chamado, por isso, é necessário fazer com que os jovens olhem à sua volta e se encontrem em meio a sociedade, a comunidade que também necessita de sua verdadeira resposta para sua missão.

> Servir e se colocar à disposição é a consumação mais plena de todo chamado.

Diante desta busca por motivações verdadeiras devemos orientar os jovens a se voltarem sempre para

Aquele que os criou e colocou dentro de cada um o desejo de felicidade e de realização plena – mesmo sabendo que a plenitude se dará somente no entardecer da nossa vida, quando O encontraremos face a face, mas desde já somos vocacionados a escolher o que nos torna "eu", configurando-nos a Ele. O amor eterno de Deus que os chama desde sempre precisa ser a verdadeira motivação para querer escolher o Caminho específico da vocação própria, pois é exatamente essa certeza que vai fazer com que cada um continue caminhando mesmo em meio a cruzes e obstáculos que surjam no caminho, sendo capaz de servir o próximo e o ajudar em seu caminho de santidade.

Todos nós somos convidados a realizar um dos maiores atos de fé diante de Deus, que é o **abandono**, a confiança plena nesse Deus que cuida de nós. O abandonar-se em Deus, confiando todos os sonhos e projetos nas mãos Dele. Essa atitude leva à confiança plena em Deus e nos seus sonhos para nós, à obediência diante da Sua voz e à esperança certa Nele, pois mesmo diante de nossas infidelidades e dúvidas Ele permanece fiel para conosco, pois "sei em quem depositei a minha fé" (2Tm 1,12b). Não há um verdadeiro discernimento vocacional e a consequente escolha do verdadeiro caminho sem um abandonar-se em Deus, fazer tudo Nele e por Ele. Quando olhamos as vidas dos santos, encontramos essa atitude de entrega e abandono nas mãos carinhosas e poderosas de Deus. Esse talvez seja o grande segredo dos santos: o abandono certo em Deus.

> *O abandonar-se em Deus é, uma atitude de fé e confiança*

O abandonar-se em Deus é, primeiramente, uma atitude de fé e confiança, mas que tem como consequência natural e prática o **sair de si mesmo**, entregando e confiando projetos e sonhos nas mãos de Deus. Talvez um dos momentos mais difíceis no processo da escolha seja renunciar, e não a coisas e pessoas, mas a si mesmo, pois eu abraço os sonhos Dele, quero o querer Dele, ofertando tudo o que sou e tenho. O necessário sair de si mesmo nos eleva ao nível de abandono feito pelos santos, em que a nossa vontade é ofertada para que seja abraçada a vontade Dele, não de uma maneira automática, esquecendo-nos da liberdade humana, mas, na verdade, o abandono faz com que nós queiramos livremente o que Ele quer para nós.

Estas são questões que precisamos apresentar aos jovens para que eles possam livremente se questionar diante das mais diversas escolhas, sejam elas profissionais, afetivas ou religiosas. Pois todas elas garantem, ou não, a cada um ser quem Deus sonhou, abraçando seu plano original de amor. Em um determinado momento da vida vai ser necessário escolher: qual profissão seguir, com quem quero me relacionar e qual estado de vida vou assumir; e neste momento preciso ser muito coerente, primeiramente com Deus e comigo, para escolher não qualquer possibilidade, mas na liberdade assumir o que, de fato, vai me tornar mais verdadeiro e autêntico, mesmo estando em uma época em que o mundo nos parece tão ilusório e mentiroso. Ser quem nascemos para ser: eis o grande desafio desta proposta de autenticidade diante das possibilidades e caminhos.

> Ser quem nascemos para ser: eis o grande desafio

Pistas de ação

Reúna os jovens e disponibilize folhas de papel e canetas a todos. Depois, proceda a leitura do Salmo 1, convidando para que, a partir desse texto, cada jovem se questione e perceba quais os muitos caminhos que tem à sua frente. Peça para que respondam as questões sugeridas na sequência e anotem as respostas no papel. Oriente para que se reúnam em pequenos grupos e partilhem suas respostas. No final, peça que redijam uma oração pessoal, pedindo a Deus a coragem necessária para a decisão na escolha do caminho correto. É importante que o animador do grupo acompanhe os pequenos grupos, mediando as possíveis situações que necessitem de sua intervenção ou ajuda.

Sobre a liberdade de filhos de Deus, apresente estas questões para os jovens, grupos juvenis e vocacionais. Diante das várias possibilidades que lhes aparecem:

- Como têm se colocado diante da necessidade da decisão?
- Têm se questionado sobre suas motivações para esta ou aquela escolha?
- Têm buscado abandonar-se em Deus, confiando-se incondicionalmente a Ele? E, ainda, diante das possibilidades escolhem confiar Nele mais do que em si mesmos?

Nestes momentos a Igreja não pode abandonar os jovens, precisa estar perto, questionando e acariciando, fazendo com que eles se decidam, não tenham medo, pois Deus está com eles. Sejamos os sinais que apontam para o Cristo, que ainda hoje os chama e dá forças para O seguirem.

5

DISCERNIMENTO

Em nossa vida, todos nós precisamos orientar nossas ações em situações de incertezas e de muitas forças internas e externas conflitantes, e nesse ponto de decisões precisamos ter discernimento, como já falamos anteriormente. Por isso é muito importante estarmos próximos dos jovens nestes momentos, e a Igreja precisa estar sempre presente, de diversos modos, nos diversos tempos e locais.

É comum em nossa experiência de vida conceituar esse momento de dúvidas e necessidades de escolha como uma crise, pois na verdade o é, visto que são as tensões que apontam para caminhos diferentes e até opostos. E como viver e escolher no momento da crise, uma vez que nele ficamos mais propensos a querer soluções rápidas e de caminhos práticos, que nem sempre são os mais acertados? Precisamos nos recolocar em nossa situação existencial e ter a capacidade de olhar para nós mesmos mais do que para a situação, pois só assim vamos conseguir escolher e discernir: seja no âmbito do discernimento dos sinais dos tempos e da história; ou um discernimento moral, quando é preciso ser capaz de distinguir o que é bom do que é mau; um discernimento espiritual, segundo o qual se deve escolher o caminho que leva à plenitude e ao encontro da própria Verdade; ou, ainda, o discernimento vocacional, segundo o qual, a partir da voz de Deus e de sua verdade, realizamos as escolhas fundamentais e, a partir delas, nosso estado de vida.

Viver bem o momento de crise é essencial, pois temos que ter a consciência que essa tensão nos libertará das amarras das mentiras acerca de nós mesmos, pois somente quando estamos diante de algumas possibilidades podemos escolher o caminho correto, como já dissemos anteriormente. A crise é uma hora sagrada em que tenho diante de mim a minha verdade, as muitas possibilidades e o caminho ofertado pelo próprio Deus, pois preciso tomar consciência que não estou sozinho nesse momento. O autor de sua vida, que criou você por amor e para o amor, quer, acima de tudo, ver sua plenitude diante de suas escolhas que

> **A crise é uma hora sagrada em que tenho diante de mim a minha verdade.**

levarão você a ser quem você nasceu para ser. Precisamos escolher viver bem os nossos momentos de crise diante das escolhas, pedindo que a luz do Espírito Santo nos ilumine e que sejamos capazes de ouvir a voz amorosa de Deus. Cabe a nós, acompanhadores e assessores, auxiliar os jovens para que passem por estes momentos de crise, e que estes os tornem livres e autênticos e um pouco mais preparados para enfrentar as cruzes de cada dia.

Para que este momento de escolhas não seja tomado por uma total escuridão interior e a decisão não seja impossível, é importante lembrar o jovem daquele maravilhoso dom que ele possui desde seu batismo, que é o dom da fé. É exatamente ela que vai garantir a certeza de não estar sozinho e que o próprio Deus o está te conduzindo. A experiência de fé não exclui que em algum momento da vida teremos que escolher e discernir entre algumas possibilidades, mas, vivendo à luz da fé, não me desespero, pois sei que a plena Verdade me ajuda escolher a verdade e, ainda, me ajuda a viver a obediência, o abandono e a confiança integral em Deus.

> A experiência de fé não exclui escolher e discernir entre algumas possibilidades.

Diante das possibilidades que precisamos escolher, faz-se necessário viver, à luz da fé, o tempo de Deus e não o nosso tempo, marcado pelos traços de ansiedade ou comodismo. E para viver bem o processo de discernimento, principalmente o vocacional, temos que viver calmamente os passos do percurso de discernimento: reconhecer, interpretar e escolher.

O **reconhecimento** refere-se, antes de mais nada, ao perceber em minha história os sinais, os acontecimentos em meu dia a dia, interpretá-los à luz da fé e, principalmente, perceber os efeitos que causam em minha vida, pois, humano que sou, sofro as alegrias, tristezas, angústias e a paz oriundas de cada pequena escolha e diante de cada possibilidade. Contudo, é imprescindível reconhecer se o que percebo e sinto está de acordo com aquilo que existe de mais profundo em mim, ou seja, viver a coerência entre o experimentado e a verdade interior.

Quando reconheço o que acontece em mim, preciso **interpretá-lo**, com muita paciência e prudência. Neste momento o acompanhador juvenil tem um papel essencial, pois é alguém capaz de caminhar com o jovem, iluminando a sua experiência com a Palavra de Deus e a fé, conduzindo-o

> Quando reconheço o que acontece em mim, preciso interpretá-lo, com muita paciência e prudência.

ao próximo passo, o **escolher**, que vai garantir a ele a vivência da autêntica liberdade humana e da consequente responsabilidade. Nestes passos é de grande importância o acompanhamento personalizado e generoso do jovem, lembrando sempre que a decisão cabe unicamente a ele, e nós vamos apenas estar ao seu lado, como um companheiro de viagem que, pela sua experiência, compreende melhor o caminho, mas nunca decidiremos por alguém, pois esta não é a pedagogia divina, a qual quer conduzir sempre a pessoa à livre e autêntica escolha.

Nesse processo de discernimento e escolha precisamos levar o jovem a decidir-se coerentemente consigo mesmo, caso contrário buscará respostas não para as suas verdadeiras perguntas, mas sim para tantas outras que lhe forem apresentadas. Lembre sempre aos jovens que as perguntas certas nos levam a respostas verdadeiras, e isso constitui um grande tesouro no processo de discernimento. Mas nem sempre é fácil, pois há tantas vozes e coisas facilmente ofertadas e que podem nos cobrir com um véu da mentira existencial e da simplória resolução de nossas inquietações. Por isso, cabe a cada ser humano uma coragem digna dos filhos de Deus e uma ousadia Nele, para enfrentar as paixões, dúvidas, medos e alcançar, na livre escolha, a autenticidade e identidade.

> As perguntas certas nos levam a respostas verdadeiras.

Não importa qual seja o estado de vida escolhido, seja sacerdotal, consagrado, religioso ou leigo, desde que esse caminho, após uma séria e livre escolha, conduza a pessoa à sua verdade, reflexo da Verdade de Deus e do que Ele sonhou para você.

Entendermos o desejo de felicidade que existe no ser humano é fundamental para saber lidar com tantas possibilidades que temos e para conseguir bem orientar tantos que recorrem a nós, para que no meio destas possibilidades sejam capazes de decidir e escolher, em Deus, nas ações práticas da vida, com as devidas renúncias e conquistas. Pois a verdadeira escolha é real, se concretiza no dia a dia, se torna ações vividas e testemunhadas, não é algo recluso ao meu coração e mente, mas fecunda e se expande para onde vivo e para aqueles com quem divido minha vida.

A dimensão social da minha escolha diz respeito ao caminho trilhado por uma sociedade, pois ela é composta de inúmeras pessoas que no decorrer de suas vidas fizeram escolhas livres e autênticas, ou, caso contrário, é reflexo de pessoas que foram incapazes, por tantos motivos, de se questionarem e acabaram por escolher o mais fácil e prático. Uma sociedade de homens livres e autênticos é sinal de processos de discernimento sinceros e coerentes. Precisamos ter a coragem de não nos calar diante de tantas possibilidades que são apresentadas para nossos jovens que carecem de verdade e de liberdade, para que tenhamos cada vez mais homens e mulheres livres, capazes de escolhas responsáveis nos diversos âmbitos da vida e, de uma maneira especial, no estado de vida e chamado específico que cada um recebeu.

> Uma sociedade de homens livres e autênticos é sinal de processos de discernimento sinceros e coerentes.

Pistas de ação

Sobre as questões acerca do discernimento, sugere-se, se possível, convidar algumas pessoas, como por exemplo sacerdotes, consagrados, religiosos, casais, profissionais, para partilharem sobre o processo de discernimento de sua vocação, estado de vida, profissão. É importante que os jovens possam fazer perguntas e tirar suas dúvidas sobre a experiência de cada um. E, somente no final, entregue a cada um as questões que estão abaixo, para que possa lhes questionar pessoalmente sobre sua postura e decisões.

Em sua missão de ser instrumento de verdade para tantos jovens, faça com que cada um corajosamente se questione:

- Como está sua coerência diante do seu coração e sua verdade, e das escolhas que tem feito?
- Tem reconhecido na sua história as ações que lhe causam medo, alegria, angústia, tristeza e paz, interpretadas à luz da Fé e do seu coração mais profundo?
- Por fim, tem tido a coragem e a ousadia necessárias para fazer as perguntas certas para que alcance as respostas verdadeiras sobre sua vida e o caminho a ser seguido?

CONCLUSÃO

Louvando, enfim, o maravilhoso dom da vida que recebemos gratuitamente de Deus, peçamos a ele a coragem de conseguir responder ousadamente ao seu projeto de amor, e que nossos jovens consigam buscar a felicidade coerente, reconhecendo em si mesmos as marcas de um amor que chama, incansavelmente.

Que a vida destes jovens do terceiro milênio, tão marcados por diversas situações-limite, seja uma ótima experiência existencial, e que não se percam nas muitas estradas e possibilidades que os aprisionam ou alienam, mas que sejam todos testemunhas do dom maravilhoso que receberam. E que nós nunca esqueçamos que "vir ao mundo significa encontrar a promessa de uma vida boa e que ser acolhido e guardado é a experiência originária que inscreve em cada um a confiança de não ser abandonado à falta de sentido e escuridão da morte e da esperança de poder exprimir a própria originalidade em um percurso para a plenitude da vida."[2]

Coragem e ousadia a todos nós!

---

2. Documento Preparatório – XV Assembleia Geral Ordinária. CNBB, 2017. P. 27.

Capítulo III

TUTORIAL: COMO EVANGELIZAR OS NATIVOS DIGITAIS

Aline Amaro da Silva

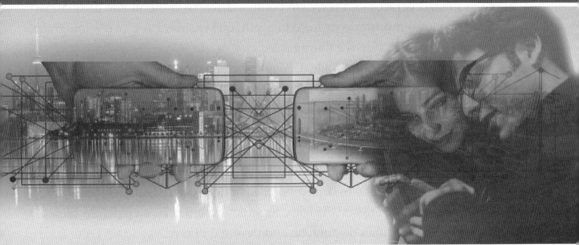

INTRODUÇÃO

Tutorial é uma ferramenta de ensino-aprendizagem, muito usada hoje nas plataformas digitais, que explica passo a passo como algo funciona por meio de textos, imagens ou vídeos. Nosso tutorial de evangelização baseia-se em pesquisas acadêmicas e experiências práticas. Desde os meus 16 anos participo ativamente da Igreja, especialmente da evangelização da juventude. Foram diversas as experiências nesses quase 15 anos de apostolado. Participei e preparei inúmeros retiros, encontros e eventos para a juventude. A atuação nos ministérios de música, liturgia, teatro foi importante para observar a participação juvenil e a sua relação com as demais gerações no convívio comunitário. Na comunidade da qual participo, criamos o ministério de luz e imagem, que ensinava aos jovens fotografia, filmagem, edição de vídeos e iluminação.

Sou apaixonada pela juventude. Dediquei a eles o meu trabalho de conclusão do curso de jornalismo, "Igreja e cultura digital: a nova evangelização dos nativos virtuais" (2011). E também minha pesquisa de mestrado em teologia, "Cibergraça: fé, evangelização e comunhão nos tempos da rede", concluído em 2015. É pelos nativos digitais que continuo estudando, agora cursando o doutorado em teologia, e me aprofundando na ciberteologia, que consiste em pensar a fé cristã em tempos de cultura digital, traduzindo aos nossos contemporâneos a riqueza de nossa fé em Jesus Cristo.

Como jornalista e missionária leiga, fiz várias experiências na rede, em sites, páginas no Facebook, canais no Youtube e contas em outras redes sociais. Entre erros e acertos, aprendi sobre o que se deve e não se deve fazer na web. Um detalhe importante: faço parte dessa geração e posso dizer que muitos dos aspectos que irei mencionar aqui eu vivi e ainda experimento na carne, na relação com as outras gerações.

Toda essa vivência compõe o tutorial para você aprender as preciosidades, riscos e desafios que a era digital impõe às relações e, consequentemente, à evangelização. Não existe uma receita pronta e infalível para a evangelização, mas algumas pistas podem ser apontadas para alcançar nosso objetivo: conhecer e amar a geração net para que eles possam conhecer e amar Jesus Cristo numa era tão distante e distinta da que Ele viveu.

> **Nosso objetivo: conhecer e amar a geração net para que eles possam conhecer e amar Jesus Cristo.**

Antes de focar no agir, precisamos ser. Pretendemos construir um novo agir que brote de dentro de uma nova mentalidade, reconstruindo conceitos e ampliando horizontes. Por isso, vamos pensar em quatro passos fundamentais para trilhar nosso caminho missionário.

Primeiro, precisamos de uma *Metanoia digital*, isto é, uma mudança de mentalidade, uma visão de mundo que amplie nossa compreensão da realidade, especialmente no que se refere à fé e à rede. Depois de uma experiência transformadora nós temos a tendência a nos tornarmos seguidores e espalhar a boa nova, pois aquilo que acontece em nós é tão maravilhoso que sentimos a necessidade de compartilhar com os outros. Então, o segundo passo, *Uma Igreja em saída*, é cada um de nós exercer a missão de ser a igreja em saída, como pede Papa Francisco, com o desafio de conectar-se à vida das pessoas.

Antes de querermos anunciar qualquer coisa a alguém, precisamos conhecer esse alguém. Aqui entra o terceiro passo, *Com quem compartilhar?*, que traça o perfil desse jovem de quem queremos nos aproximar. Após essa escuta e aprendizado, no quarto passo refletimos sobre duas questões difíceis de separar, pois se interpelam: *O que e como compartilhar?* Só informações? Não, pois o jovem tem acesso rápido a qualquer conteúdo disponível na internet. Então, o que devemos comunicar? O testemunho de uma vida em Cristo. Por fim, vamos refletir sobre a maneira de nos comunicarmos com a juventude mais comunicativa da história: que linguagens e métodos serão mais eficazes na evangelização da geração net.

A fonte de inspiração de toda a ação evangelizadora deve ser o Senhor. Neste momento, para escrever este capítulo, estou dentro de uma capela, num retiro de silêncio, rezando por todos que lerão este livro e pedindo que Deus inspire as minhas palavras. É Deus quem nos mostra como devemos ser e agir. O importante é acolhermos o convite, sairmos de nós mesmos e nos colocarmos a caminhar.

Permitam-me falar em primeira pessoa, uma, porque a geração Y (pessoas que nasceram entre os anos de 1980 e 2000) é caracterizada pela personalização e individualidade, outra, por ser a forma de discurso típica do testemunho. O evangelizador, ao contar as suas experiências pessoais, pode levar o jovem a se identificar com alguma parte delas e discernir sua própria vida. Como nos ensina o Papa Francisco (2016), as ideias não convertem, só o testemunho das histórias de vida transmite o Evangelho.

> **Existem coisas que precisam ser atualizadas, como a comunicação, linguagem, forma de relacionar-se e método.**

O discípulo do Reino dos céus é semelhante a um homem que tira do seu tesouro coisas novas e velhas (Mt 13,52). Na evangelização também é assim. Existem coisas que precisam ser atualizadas, como a comunicação, linguagem, forma de relacionar-se e método. Porém, o conteúdo essencial é sempre o mesmo: a boa e alegre notícia. O que percebemos é que o evangelizador, antes de querer dominar estratégias e técnicas de comunicação, precisa se tornar especialista em humanidades.

Vamos então iniciar nossa jornada! Não tenhas medo, pois Jesus nos acompanha no caminho e vai nos explicar tudo o que precisamos saber para trilhá-lo bem.

1

PRIMEIRO PASSO: metanoia digital

Buscaremos agora olhar o mundo e nossa fé cristã sob o prisma das mudanças na comunicação. Como sabemos, as tecnologias digitais estão revolucionando a civilização humana, principalmente o universo juvenil. É inútil a recusa dessa realidade, pois estamos vivendo um processo sem volta, que continuará seguindo seu curso de maneira cada vez mais ágil. E por que uma mudança tecnológica causou tanto impacto na humanidade? As tecnologias sempre são respostas a uma necessidade humana, por exemplo, demandas motoras e energéticas. As últimas décadas, em especial, têm testemunhado uma revolução das tecnologias digitais que, embora perpasse todos os âmbitos da sociedade, se dá principalmente no campo da comunicação, ou seja, mexe com algo que faz parte da essência do ser humano. Logo, esse novo contexto digital afeta todas as dimensões humanas: fisiológica, social, emocional, racional e espiritual.

Cada geração possui um modelo de comunicação predominante que define a linguagem, forma de comunicação e relação, comportamento e visão de mundo de uma época. Vamos olhar brevemente essa evolução. Quando os seres humanos começaram a falar formando palavras, instaurou-se a comunicação dialógica, cujos interlocutores são emissores e receptores da mensagem que é transmitida através da fala, das expressões faciais, olhar e gestos num espaço físico compartilhado. É o modelo potencialmente mais pleno de comunicação que facilitaria o cultivo de relações mais profundas. Na prática, sabemos que nem sempre o encontro face a face é autêntico e profundo, dependendo dos interlocutores, pode ser extremamente vazio, falso e superficial.

> *Cada geração possui um modelo de comunicação que define comportamento e visão de mundo de uma época.*

Com a invenção da imprensa, teve início a comunicação típica da mídia de massa, um modelo hierarquizado de comunicação. Nele isolam-se as funções, poucos detêm o poder da emissão de uma mensagem transmitida através de um meio para uma grande massa de receptores sem rosto que não partilham mais do espaço físico. Este modelo transformou as relações e o ambiente familiar e deixou o mundo muito menor. As atuais gerações analógicas, os pais, avós e bisavós dos nativos digitais, cresceram com esse tipo de mentalidade comunicativa. A Igreja também segue, em diversas práticas, a lógica da comunicação de massa, seja na forma hierárquica como a instituição está estruturada, seja em grandes eventos e celebrações litúrgicas.

Ao emergir a internet, uma nova revolução nas comunicações se pôs em curso. O paradigma da comunicação em rede reuniu elementos dos modelos anteriores em uma só plataforma. Este trouxe um empoderamento aos indivíduos, pois cada pessoa pode ser uma rede social, um veículo independente de mídia. E ainda realizar uma comunicação dialogal que carece do calor e riqueza que se tem na partilha de um ambiente físico, mas que tem alguns recursos visuais para tentar expressar sentimentos, atos e sensações, os *emoticons*, além da possibilidade da escrita, do áudio e vídeo. Todos esses modelos são válidos para uma determinada estratégia de comunicação e complementares entre si. Cada uma delas possui linguagens próprias e construções de pensamento distintas.

> *São as pessoas, e não as máquinas, que transformam a vida ao nosso redor.*

É crucial entender bem o que queremos dizer com rede ou internet. A rede que nos interessa e que está causando uma revolução em todos os campos da vida humana não é a rede mundial de computadores, cabos e aparelhos, mas a rede mundial de pessoas. Isso é importante notar: são as pessoas, e não as máquinas, que transformam a vida ao nosso redor. A internet são pessoas interconectadas através das tecnologias digitais. Portanto, rede é experiência de relações. O ciberespaço não é um espaço frio de pura técnica, mas quente, repleto de calor humano. Isso é dito tanto pelo Padre Antonio Spadaro, jesuíta italiano, criador da ciberteologia, quanto pelo Papa Francisco em mensagens pelo Dia Mundial das Comunicações.

Observamos a partir de estudos e experiências[3] que o ciberespaço é um lugar:
Antropológico – ambiente de habitação e relacionamento dos seres humanos.
Ético – espaço qualificado pela conduta humana, seja ela boa ou má.

---

3. Você pode encontrar mais informações em minha dissertação em teologia "Cibergraça: fé, evangelização e comunhão nos tempos da rede", defendida em 2015, disponível em: <http://tede2.pucrs.br/tede2/bitstream/tede/5993/2/468444%20-%20Texto%20Completo.pdf>.

Sociopolítico – a nova praça pública onde se fazem denúncias, se discutem ideias e se articulam movimentos sociais em nível local e global.

Sagrado – onde acontecem novas e tradicionais manifestações do sagrado e da religiosidade popular, ambiente de vivência da fé que proporciona uma nova experiência de comunidade.

Teológico – por ser um *sinal dos tempos*, isto é, um evento que marca a história humana e a transforma de acordo com a teologia do Concílio Vaticano II, um privilegiado lugar social onde o teólogo pode ver a realidade sob outra perspectiva.

Portanto, a própria maneira de pensar mudou com a criação da internet, pois é a partir da linguagem que o intelecto elabora o pensamento. Se entendemos a teologia como a inteligência da fé, o pensar a fé, percebemos que a cultura digital alterou até o modo como fazemos teologia hoje. Com o intuito de compreender a relação entre o ser humano e a rede, bem como a afinidade entre a natureza da comunhão divina e das conexões humanas da internet, Pe. Antonio Spadaro abriu o horizonte para um novo campo teológico, a ciberteologia: pensar a fé em Jesus Cristo na era cibernética (SPADARO, 2012). Assim, somos desafiados a formar uma nova visão integradora e relacional do ser humano, teologia e mundo.

> A própria maneira de pensar mudou com a criação da internet, pois é a partir da linguagem que o intelecto elabora o pensamento.

Este primeiro passo é um convite a desbravarmos este mar nunca antes navegado de bits e bytes, e embarcarmos nessa nau não apenas para "lançar as redes", como Jesus pediu aos apóstolos, mas, como discípulos neste novo milênio, "lançar-nos nas redes". Afinal, Jesus nos fez pescadores de homens e mulheres, certo? O pescador por acaso escolhe pescar num lago vazio de peixes ou cheio de peixes? O pescador pesca onde há peixes. E onde se encontram nesses dias as mulheres e os homens? Na internet. A ideia é vermos a realidade de uma maneira diferente, sob outro prisma. E a própria figura de Jesus não se modifica com a cultura digital? É o que vamos descobrir.

1.1 JESUS CRISTO NA ERA DIGITAL

Desde o surgimento da vida humana na Terra, o Criador busca aproximar-se de suas criaturas. Em especial, na história dos israelitas, Deus veio até o homem, escolheu um povo e revelou-se. A plenitude dessa comunicação se dá na Encarnação do Verbo de Deus (Jo 1,14). A Palavra feita carne não somente revela a identidade do Deus Uno e Trino, mas comunica a plenitude dos seres humanos e de toda a criação. No momento em que o Verbo se fez carne, Deus passou a habitar a nossa linguagem. A partir dessa comunicação de Deus com sua criatura, utilizando as palavras de homens e mulheres, a linguagem humana tornou-se capaz de Deus. Existe o fazer teológico somente porque Deus se dirigiu a nós primeiro. Deus, por sua livre vontade, quis "necessitar" do ser humano e adentrá-lo, pelo evento Jesus Cristo, no mistério da vida trinitária.

> Hoje vivemos a era da hipercomunicação e, assim, irrompe a imagem do Deus hipercomunicativo.

"O meio é a mensagem", afirmou McLuhan (1964). Por analogia, podemos dizer que o Filho é o meio e a mensagem da autocomunicação de Deus; Ele é o caminho (meio), a verdade (mensagem) e a vida (comunhão). Jesus Cristo, único mediador entre Deus e o ser humano, é o mais perfeito diálogo aberto existente, que continua nos chamando a participar da nova vida n'Ele.

Cada momento histórico salienta um traço de Deus e enfatiza um ponto de vista sobre Cristo, uma característica do ser de Jesus. Por exemplo, no momento que a ciência histórica se desenvolveu fortemente, o estudo sobre Jesus histórico eclodiu. Hoje vivemos a era da hipercomunicação e, assim, irrompe a imagem do Deus hipercomunicativo. Por isso, novos movimentos enfatizam a ação do Espírito Santo na nossa vida, que é puro dinamismo. Não é por acaso também que teologia trinitária voltou a ser pauta de reflexão de grandes teólogos, pois somos à imagem e semelhança de um Deus hiper-relacional, que é comunidade de pessoas. Na era digital, faz-se necessária a compreensão de Jesus Cristo como a máxima comunicação. Ele não é somente a plenitude da comunicação entre os homens, mas, essencialmente, é o ápice da autocomunicação divina.

> Na cultura cibernética, as pessoas devem redescobrir a semelhança com o Deus hipercomunicativo.

O Verbo precisa encarnar na rede, isto é, acompanhar a humanidade onde quer que ela se encontre, como aponta a *Verbum Domini*: "No mundo da internet, que permite que bilhões de imagens apareçam em milhões de monitores, deverá sobressair o rosto de Cristo e ouvir-se a sua voz, porque, se não há espaço para Cristo, não há espaço para o homem" (BENTO XVI, 2010, n. 133). Na cultura cibernética, as pessoas devem redescobrir a semelhança com o Deus hipercomunicativo.

1.2 EVANGELIZAR É COMUNICAR

A Igreja, como Corpo Místico de Cristo, carrega em seu ser a missão de anunciar o Verbo de Deus. Em Marcos (16,15), Jesus Ressuscitado realiza o mandato missionário que vai constituir a identidade comunicativa de toda a Igreja de Cristo: "Ide por todo o mundo e a todos pregai o Evangelho". Como imagem de Cristo, todo o cristão é um comunicador na dimensão mais profunda do termo, pois Jesus habita em cada um de nós como a Palavra que anseia por ser proclamada pela nossa boca e pelas nossas ações. Missão significa o encargo ou a confiança de uma responsabilidade. Evangelização é o modo como a missão cristã vai se realizar (ESQUERDA, 2008, p. 64). Pastoral é toda a ação da Igreja no mundo. Toda pastoral visa a evangelização.

> Jesus habita em cada um de nós como a Palavra que anseia por ser proclamada pela nossa boca e pelas nossas ações.

Dessa nova visão sobre Deus, surge uma nova compreensão sobre a evangelização. "Nova evangelização" é uma expressão que ficou conhecida nos discursos de João Paulo II. O que ele quer dizer com "novo" é que esta evangelização não é dirigida somente aos não batizados, mas também ao fenômeno moderno dos "batizados não convertidos". A nova evangelização não consiste em um programa novo ou um novo conteúdo, mas envolve um esforço para encontrar uma linguagem adequada à mente de nossos contemporâneos para que eles assimilem o chamado à nova vida por meio do amor de Deus (JOÃO PAULO II, 2001, n. 29). Atualmente, a maior parte das ações evangelizadoras da Igreja são voltadas aos batizados e pouco se faz para dialogar ou ir em busca dos "pagãos". Entretanto, o Papa Francisco convoca os cristãos a uma nova saída missionária. O propósito dessa nova investida não é mero proselitismo ou doutrinamento, mas atrair ao encontro com o Senhor por meio da vivência do amor e ética do próprio evangelizador, como testemunhavam os primeiros cristãos.

> **Evangelização é comunhão, é comungar da vida de Cristo e dos irmãos.**

Dessa forma, evangelizar é menos a transmissão de uma doutrina e mais apontar um caminho que o evangelizador já experimentou – o encontro íntimo e pessoal com Jesus Cristo que nos torna livres. Evangelizar não pode ser mais concebido como o simples anúncio da boa notícia, pois é comunicar-se, isto é, dialogar, relacionar-se, misturar-se resplandecendo essa vivência da comunhão com Deus da qual todos são chamados a participar. Se evangelizar é comunicar, e hoje comunicar significa comunicar-se, relacionar-se, logo, evangelização é comunhão, é comungar da vida de Cristo e dos irmãos. Assim, nosso desafio como evangelizadores é passar da lógica da transmissão para a prática do compartilhamento. Para que isso ocorra, precisamos sair de nós mesmos, de nossas seguranças e do conforto de agir sempre da mesma maneira, com os mesmos métodos e nos lançarmos em busca do novo que Deus preparou para nós.

Pistas de ação

Para realizarmos uma reforma em nossa mentalidade, Santo Inácio de Loyola ensinou a importância do exame de consciência, da revisão de vida diária. Inspirados nessa vivência, iniciemos nossa metanoia digital com um encontro pessoal com o Senhor.

- Escolha um momento e local silencioso no seu dia. Faça uma oração para se conectar com Deus e se colocar conscientemente diante d'Ele.
- Escreva num papel o que você pensava até então sobre a internet e como você se comportava nela, descreva suas boas e más atitudes, apresentando-as ao Senhor. Se perceber que cometeu pecados no meio digital, aproveite esse exame de consciência em sua próxima confissão.
- Medite com Deus qual deve ser sua visão e ação a partir de agora. Trace metas e propósitos de mudança para sua vida tanto *on-line* quanto *off-line* e comece já a praticar seus novos hábitos.

2

SEGUNDO PASSO: uma Igreja em saída: o desafio de conectar-se

Assim como cada período histórico constrói uma visão sobre Deus, também apresenta uma forma mais característica de ser Igreja. Vivemos uma época de pluralismo cultural, político e religioso. Consequentemente, na Igreja hoje destaca-se mais de um modelo eclesial. Estas visões da Igreja coabitam e se complementam, enriquecem nossa vivência eclesial e alcançam mais pessoas. Dentre estas formas eclesiais, precisamos buscar o modo de ser igreja que melhor responda aos desafios contemporâneos. Papa Francisco, ao reler a parábola da ovelha perdida, se dá conta de que o cenário mudou: hoje, não estão mais no aprisco as 99 ovelhas, mas apenas uma. Ele critica aqueles que permanecem no aprisco penteando o pelo da única ovelha que permaneceu ao invés de ir resgatar as 99 que estão pelo mundo esperando ser encontradas. E onde elas podem ser facilmente encontradas? Na rede.

Essas características do nosso tempo não são boas nem ruins, são apenas fatos, constatações da realidade. Os fatos são neutros, o que os tornam bons ou ruins são os significados que damos a eles. Então, você pode ver tudo isso como um grande problema e até perder a esperança, ou você pode encarar o contexto atual como um grande desafio e oportunidade para a fé e sair em busca de soluções, ampliando o seu horizonte.

> Essas características do nosso tempo não são boas nem ruins, são apenas fatos, constatações da realidade.

No tempo de Bartolomeu de Las Casas, frade dominicano do séc. XVI que foi o primeiro a defender os direitos humanos dos indígenas e a desenvolver uma teologia da missão na América Latina (2005), por exemplo, o modelo institucional era muito forte e, além disso, a Igreja ainda estava intensamente vinculada aos poderes econômicos e políticos dos reinos. Nesse período de conquista e colonização da América, os missionários se instalavam junto com os soldados e exploradores. Quem não se rendesse à fé cristã e ao domínio dos conquistadores era assassinado. Assim, as primeiras tentativas de evangelização na América Latina foram destruidoras e violentas para os povos indígenas, desrespeitando a sua dignidade e cultura. Temos consequências disso até hoje, instaurando nas sociedades latino-americanas um catolicismo cultural de fachada, um devocionismo muitas vezes supersticioso que não sabe e não vive os pontos centrais da fé cristã.

No entanto, graças ao apelo de Bartolomeu de Las Casas e de outros evangelizadores conscientes, esse tipo de prática foi se modificando ao longo dos séculos e muitos acreditam que a defesa dos indígenas na América Latina pelos missionários deu início a discussão sobre os direitos de todos os seres humanos. Portanto, a evangelização não pode estar desvinculada da justiça, da integridade e da promoção humana.

O Papa Francisco escreve na *Evangelii Gaudium* (n. 20) que as estradas digitais são uma ótima oportunidade para essa nova empreitada missionária. A Igreja sonhada por Francisco constitui-se em uma Igreja que é "casa de todos", que mantém as portas abertas. Uma igreja em saída, que acompanha as pessoas por onde quer que vão. A forma como concebemos a Igreja diz muito sobre o modo como fazemos e pensamos a evangelização. Este segundo passo tem como premissa conectar-se à rede e refletir sobre que igreja queremos ser. Vejamos alguns modelos eclesiológicos presentes no ciberespaço: Igreja Farol, Igreja Tocha, Igreja Líquida, Igreja Cidade e Igreja Rede.

Papa Francisco diz que a Igreja deve ser luz, seja como um farol, seja como uma tocha (AL, n. 291). A Igreja tradicional é representada pelo modelo de *Igreja farol*. Com uma luz muito visível, alta e firme, a Igreja tradicional é representada pela figura do farol que orienta, denuncia e conduz sob a luz da verdade. Francisco faz compreender que a Igreja não pode ser apenas um farol, deve ser também uma tocha. A tocha caminha por onde andarem os homens. Se a humanidade não aceita continuar estática sob a luz do farol, a luz deve acompanhá-los. A *Igreja Tocha* segue a lógica da aliança de Deus com o povo judeu, do Antigo e do Novo Testamento, pois Deus mesmo rebaixou-se para caminhar com as pessoas concretamente na história. E, de fato, é isso o que os homens e mulheres atuais esperam da Igreja: "que ela saiba caminhar com eles, oferecendo a companhia do testemunho da fé, que a torna solidária com todos" (Francisco, 2015).

Inspirado no conceito de tempos líquidos do sociólogo Zygmunt Bauman, outro modelo sugerido por Antonio Spadaro é a *Igreja Líquida*.

> Diante de uma sociedade líquida, o anúncio do Evangelho deveria se tornar líquido. Se a sociedade é líquida e você sólido, é como se eu colocasse algo rígido na água, ela o circunda e o supera. A única forma é tornar o anúncio líquido para que ele possa se

misturar. Em uma situação na qual as instituições não são mais valorizadas e suas mensagens não têm muito valor, a lógica do testemunho funciona melhor, pois é um modo de comunicar a mensagem não por transmissão, mas por compartilhamento[4].

Seguindo a linha da *Igreja Tocha*, este modelo só acontece através do testemunho pessoal, e aqui entra o empenho de todos os membros da Igreja, em especial, os leigos. Papa Francisco sempre dá o exemplo, junto com seus conselheiros, e um de seus últimos empreendimentos na rede foi criar uma conta no Instagram. A frase do *status* é bem sugestiva: "Eu quero caminhar contigo pelo caminho da misericórdia e da ternura de Deus".

Aqui, tocamos em algo fundamental: pensar a evangelização da Igreja na era digital não é apenas refletir sobre o modo como a Igreja vai se comunicar ou estar presente no ciberespaço, mas sobre como ela vai contribuir e fazer parte do mundo e da sociedade em rede a partir de agora. Não se trata, portanto, apenas da ação no ambiente digital, mas de sua importância e papel no espaço físico e em todo o contexto humano.

> Pensar a evangelização da Igreja na era digital não é apenas refletir sobre o modo como a Igreja vai se comunicar ou estar presente no ciberespaço

Já o teólogo inglês Dwight Friesen (2009, p. 47) fala da *Igreja como uma cidade*, que emite luz não intencionalmente, mas apenas pelo fato de ser uma cidade, uma rede viva de relações interpessoais. Assim, pelo simples fato de os cristãos buscarem viver o Evangelho no dia a dia, também eles vão conseguir muitas vezes ser sinais de luz, de boas relações, em meio às trevas do ciberespaço.

Na rede, há espaço para todas as formas de ser Igreja e podemos integrá-las num modelo do farol presente nas novas cidades digitais. Nesse aspecto, a própria rede é uma boa analogia para a Igreja, pois o ciberespaço é casa de todos os que querem e conseguem se conectar, bons e maus, pessoas de todas as nações, etnias e religiões. Nesse sentido, Friesen (2009, p. 55) concebe a ideia do Reino Conectado de Deus como *Igreja Rede*:

> [Somos um] "Nós aberto", porque o povo de Deus não é um grupo hermeticamente fechado de homens e mulheres santos e eleitos que permanecem separados da cultura ou sociedade. Ao invés disso, a nossa nova identidade em rede como um povo é ser uma

---

4. Conferências e Seminários ministrados por Antonio Spadaro no 4º Encontro Nacional da PASCOM, de 24 a 27 de julho de 2014, em Aparecida do Norte, SP.

bênção para os outros [...]. Na medida em que nós procuramos proativamente ajudar a vida a florescer, [...], nós encarnamos o "Nós aberto" de Deus.

Todas essas metáforas expressam o anseio de cada cristão por ser fermento na massa, de nos misturarmos e nos relacionarmos com o mundo real das pessoas, formando assim o Corpo Místico de Cristo, ou melhor, o Reino Conectado de Deus.

Por que o Papa coloca o bom samaritano (Lc 10,25) como modelo de comunicador? Porque ele aproximou-se e olhou a realidade de alguém desconhecido que precisava de ajuda, cuidou dele, acompanhou-o, conduziu-o e o encaminhou para um lugar de restauração. Quem é o meu próximo hoje? A cibercultura complexificou esse conceito relacional. Próximo pode ter dois sentidos: localização e intimidade. No sentido de localização, próximo pode ser alguém que está perto de você geograficamente ou digitalmente, independente do nível de relação. Próximo, no sentido de intimidade, é aquele que está mais perto do seu coração, que comunga do seu jeito de ser, do seu crer e do seu agir; como Jesus ensina: "Aquele que faz a vontade de meu Pai, este é meu irmão e minha irmã" (Mt 12,50). Ao longo da caminhada com Deus, a tenda do seu coração vai se alargando e abarcando mais pessoas. Evangelização é esse alargamento que faz com que todos se tornem próximos, que nos faz ir em auxílio dos que precisam, seja nas estradas físicas ou digitais.

> **Evangelização é esse alargamento que faz com que todos se tornem próximos.**

Para evangelizar precisamos aprender a nos aproximar, iniciar uma conversa, nos conectar. Conectar, nesse caso, significa: conectar-se com o mundo dele, estar presente ao menos em uma das redes sociais de que ele faz parte. Conectar-se quer dizer criar vínculos. Para realmente vivermos a experiência de sermos o Reino Conectado de Deus, precisamos ir além da mera conexão, devemos ser comunhão. Isso só é possível através da ação do Espírito Santo em nós que estamos na web. É o que chamamos de cibergraça: pessoas em comunhão nos tempos da rede.

> **Conectar, nesse caso, significa: conectar-se com o mundo dele, estar presente ao menos em uma das redes sociais de que ele faz parte.**

Lembra da passagem em que Jesus fala: "Eu sou a videira e vós os ramos" (Jo 15,5)? Para podermos ser canais da graça para os jovens, precisamos criar vínculos com Deus e também com eles. Nas palavras de Antonio Spadaro

(2016, p. 48), é necessário passar da pastoral da propaganda à pastoral da proximidade. Para isso, é preciso envolver-se na vida do jovem, descobrir quem ele é, como é a sua família, quais as suas dificuldades. Na era digital, onde todos exercem papel de emissores e receptores na comunicação, as perguntas fundamentais para a evangelização são: com quem compartilhar? O que compartilhar? Como compartilhar?

Pistas de ação

Analise a situação atual de sua paróquia/comunidade, principalmente no que se refere à ação pastoral.

- Como está a investida missionária de sua comunidade? E a acolhida dos recém-chegados? Sua paróquia é um exemplo de Igreja em saída? Quais atividades são voltadas para a evangelização da juventude?
- No ambiente digital: quais foram as iniciativas até o momento? Em quais redes sociais sua paróquia está presente? E os membros de sua comunidade, em qual mídia social eles estão mais conectados?
- O que você pode fazer para melhorar este diagnóstico? Trace um plano de ação evangelizadora que envolva também as redes sociais.

3

TERCEIRO PASSO: com quem compartilhar?

Para evangelizar qualquer pessoa, precisamos primeiro descobrir quem é essa pessoa, seus gostos, planos e sonhos, como pensa, age e se comunica, a fim de encontrar pontos em comum para dialogar. Este terceiro passo busca conhecer a geração net e seu universo comunicativo e relacional. É isso que os estudos geracionais proporcionam: perceber aspectos em comum dos jovens de uma determinada época. Quem é o jovem a quem quero evangelizar? É importante ver que a Igreja está atenta a esse tipo de conhecimento da realidade. O Documento Preparatório para o Sínodo dos Bispos de 2018 aborda algumas características geracionais e salienta:

> [...] é verdade que com a globalização os jovens tendem a ser cada vez mais homogêneos em todas as partes do mundo, contudo nos contextos locais subsistem peculiaridades culturais e institucionais que têm repercussões no processo de socialização e de construção da identidade. (p. I, n. 2)

> **A geração a qual o jovem pertence não é o único fator que influencia o seu comportamento.**

Isso significa que a geração a qual o jovem pertence não é o único fator que influencia o seu comportamento. O documento aborda também a questão da multiculturalidade, os jovens inseridos em contextos plurais e diversos, seja pela migração, pelas diferenças étnicas e culturais de suas famílias. Mesmo assim, é importante pensarmos nossa ação evangelizadora a partir do perfil da geração que queremos alcançar, pois teremos mais chance de uma aproximação bem-sucedida. Com o tempo de convivência com esses jovens, poderemos conhecer aos poucos as suas particularidades e personalizar melhor o anúncio do Evangelho.

Atualmente, seis gerações convivem juntas: *Belle Époque* (nascidos entre 1920 e 1940), *Baby Boomers* (1940-1960), X (1960-1980), Y (1980-2000), Z (2000-2010) e Alfa (nascidos depois de 2010). Podemos dividi-las em dois grupos: as três primeiras são os imigrantes digitais – aqueles que nasceram antes da criação da internet – e as três últimas gerações são os nativos digitais – jovens e crianças que nasceram em meio a revolução digital em curso. O filósofo francês Michel Serres (2013) apelidou a geração digital de Polegarzinha para salientar a habilidade desses jovens de comandar o *smartphone* e navegar pelo universo digital com seus polegares e o destaque feminino dessa geração em todos os âmbitos da sociedade. Por ser a primeira geração net e por estar atuando e transformando o cenário global, a geração Y é a mais estudada pelos pesquisadores. Vejamos algumas características:

Pertença e participação são palavras-chave na evangelização da juventude digital. Como a geração mais interativa e hiperconectada da história, essa galerinha, se não participa, não se sente parte, e, assim, não faz a experiência, seja na igreja, na escola ou no trabalho. Outra palavra similar que os define é *colaboração*. Os nativos digitais estão acostumados a "pegar" um produto cultural disponível na internet e transformá-lo em outro, numa dinâmica de apropriação, cooperação e aprimoramento. Na concepção deles, isso não é um crime contra os direitos autorais, é uma cocriação, pois entendem que o que está na rede é de todos. Uma característica fundamental da geração net é que eles não são passivos, estão acostumados a ser protagonistas da sua história. Para que eles se engajem e sintam-se parte da comunidade, precisamos elaborar processos em que eles sejam protagonistas, atuem e criem.

> Pertença e participação são palavras-chave na evangelização da juventude digital.

Mesmo a espiritualidade não pode ser passiva, deve levar a uma interioridade interativa. Na mística, os jovens devem viver momentos em que se voltam para si, mas não se fecham em si mesmos. O verdadeiro sentido do silêncio não é excluir-se da comunicação com os outros, mas adentrar-se em si para se encontrar com o Senhor que fala baixinho no nosso coração. Esse encontro deve ser tão pleno de comunicação que não cabe em si, mas se amplia na comunhão com os outros. Por isso, o encontro com o Senhor é profundamente ativo e interativo.

Em nossas práticas evangelizadoras, temos que observar a *dispersão e a ansiedade* da geração net, em especial da geração Y. Ao planejarmos encontros e, principalmente, formações não façamos deles espectadores por muito tempo. Michel Serres (2013, p. 18-19) afirma que os pais dos nativos digitais transferiram a responsabilidade do ensino para os meios de comunicação. Educados pela mídia, a atenção desses jovens dura segundos. A velocidade da comunicação em tempo real os tornou ansiosos, não aprenderam a esperar.

Além de afetar a capacidade de atenção, a internet modificou também a memória e a inteligência dessa geração. A maioria dos jovens, incluindo eu, sofre o "efeito Google": tendência do cérebro humano de armazenar menos conteúdos porque sabe que todas as informações podem ser alcançadas rapidamente por alguns comandos no *smartphone*. Outra causa provável para a falta de memória é o estresse da sobrecarga de informação. Para Serres (2013), a dificuldade de memorização não é algo negativo. Ele acredita que as cabeças dos nativos digitais são mais bem constituídas do que cheias; não tendo mais que se preocupar em encher a mente, esse "vazio interior" deu espaço a inteligência inventiva, que, para o sociólogo francês, é a verdadeira inteligência cognitiva. Criatividade é a marca dessa juventude, basta assistir aos vídeos que produzem para constatar isso. Por isso, as ideias da geração digital devem ser valorizadas.

> **A comunidade deve aprender a envolvê-los em ações concretas de solidariedade.**

A comunidade deve aprender a envolvê-los em ações concretas de solidariedade. Pela aparente paralisia dos jovens diante da tela, é difícil de acreditar que a geração net é uma *geração mais engajada nas questões políticas e sociais* que as anteriores, mas é verdade. Com seus aparelhos eles assinam abaixo-assinados digitais e organizam manifestações nas ruas do mundo inteiro. A ocupação das escolas pelos estudantes brasileiros ocorrida em 2016 é só uma amostra de como a geração digital é antenada com as políticas públicas e sabe lutar pacificamente por seus direitos.

A internet ajudou a diminuir a discrepância de oportunidades entre os jovens de alta e baixa renda. Graças ao baixo custo da rede, a maioria dos jovens brasileiros tem acesso a informação, cursos e grupos de discussão gratuitos. A dificuldade não é mais ter acesso ao conhecimento, mas definir qual conhecimento é importante para o seu futuro. O desafio, portanto, está em decidir o que querem fazer de suas vidas.

Sidnei Oliveira, um especialista em geração Y, diz que é difícil o jovem se decidir por um caminho, mas quando finalmente encontra o seu, ele se entrega inteiramente. "É como se sentisse uma energia diferente, mobilizadora, capaz de superar qualquer obstáculo" (OLIVEIRA, 2011, p. 119). No seu segundo livro sobre a geração Y, Oliveira sugere a importância do jovem ter um mentor, alguém além de seus pais e professores que o oriente para a vida. Talvez ao escrever isso, ele não tenha pensado em algo ligado à fé, mas esse mentor nos recorda da figura do iniciador, dentro do catecumentato, aquele que acompanha pessoalmente a vida do catecúmeno e explica com o seu testemunho as vivências práticas da fé no dia a dia. Esse é o papel do evangelizador hoje: ser o iniciador ou mentor de cada jovem que deseja evangelizar.

A necessidade juvenil de um guia, mentor ou mestre é bem urgente e perceptível. O Documento Preparatório para o Sínodo dos Bispos de 2018 (p. I, n. 2) retifica que todo o jovem tem direito a alguém que o acompanhe: "[...] os jovens sentem a necessidade de figuras de referência próximas, credíveis, coerentes e honestas, assim como de lugares e de ocasiões para pôr à prova a capacidade de se relacionar com os outros [...] e para enfrentar as dinâmicas afetivas".

É verdade que vemos oposições nas atitudes dos jovens, alguns empreendedores e destemidos, outros desanimados e letárgicos. Isso tem como pano de fundo as oportunidades que eles receberam da família e da sociedade, mas principalmente a maneira como deram significação, relação e valoração aos acontecimentos de sua vida. Outro fator que se constata é que, no mercado de trabalho, há cada vez menos oportunidades de emprego e de crescimento nas empresas, devido ao fato de que as gerações mais experientes, com o aumento da expectativa de vida, estão se atualizando e não dando espaço, nem formando os novos sucessores como ocorria antes. Isso acontece em todas as instituições, inclusive na Igreja.

3.1 CONFLITO DE GERAÇÕES

Existem problemas novos que surgiram na era digital, um deles é o conflito de gerações. Pela primeira vez na história da humanidade tantas gerações coexistem em número significativo e com um impacto expressivo na sociedade. Por experiência própria, digo que esse é um dos maiores desafios a ser superado pela evangelização. Não adianta atrair o jovem para a comunidade, criar expectativas de que poderão fazer a revolução do amor,

> Pela primeira vez na história da humanidade tantas gerações coexistem em número significativo e com um impacto expressivo na sociedade.

pois ao se depararem com a realidade paroquial, eles vão se decepcionar, porque, hoje, não há espaço para a concretização de suas ideias ou a participação nas decisões importantes da comunidade. Em geral, e me desculpem as exceções, não há espaço para o jovem atuar, ser responsável e exercitar na prática aquilo que aprendeu na teoria, seja na sociedade ou na Igreja, como explicita o Documento Preparatório para o Sínodo dos Bispos:

> É significativo que exatamente os jovens [...] proponham e pratiquem alternativas que mostram como o mundo ou a Igreja poderiam ser. Se quisermos que aconteça algo de novo na sociedade ou na comunidade cristã, devemos deixar espaço a fim de que pessoas mais jovens possam agir. [...] Isto é particularmente problemático naqueles países e âmbitos institucionais em que a idade de quantos ocupam lugares de responsabilidade é elevada, diminuindo os ritmos de renovação geracional. (p. I, n. 3)

O conflito de gerações se dá por motivos novos e também por aqueles que estão aí desde que o mundo é mundo. Percebe-se hoje um retorno ao radicalismo e à intolerância em todas as faixas etárias. As pessoas se fecham em determinados grupos formatados e não conseguem aceitar aqueles que pensam ou agem de forma diferente. As próprias mídias sociais facilitam esse isolamento com seus filtros de interesse e criação de comunidades e grupos fechados. Hoje enfrentamos na rede realidades que antes eram escondidas e mascaradas pela sociedade. A internet potencializa a divulgação tanto de boas quanto de más ideias, ações e acontecimentos.

Precisamos ser humildes e reconhecer que não temos respostas para tudo. Acolhamos o diferente sem julgamento, busquemos viver o maior ensinamento de Jesus: "Amar o próximo como a ti mesmo". É melhor dizer "eu não te entendo, não falo a sua língua, mas te aprecio e te amo do jeito que você é" do que olhar torto para um jovem cheio de *piercings*, tatuado, com cabelos coloridos. As pessoas sentem quando são apreciadas ou desprezadas. Não as afugente com suas atitudes e expressões, nosso corpo fala mesmo que não abramos a boca.

> **Os nativos digitais confundem acesso ilimitado a informações com inteligência e experiência.**

Embora a maioria dos nativos digitais seja mais tolerante à diversidade, muitas vezes sentem-se superiores aos mais velhos. Confundem naturalidade diante das novas tecnologias e acesso ilimitado a informações com inteligência e experiência. Essa atitude arrogante causa antipatia nas gerações veteranas que não fazem questão nenhuma de formar e inserir os jovens nas instituições. No entanto, algumas atitudes são mal interpretadas.

Por exemplo, a geração digital tem outro tipo de relação e entendimento da autoridade, seja dos pais, professores e chefes. Ela não está acostumada a relações hierárquicas, mas a conexões multilineares e horizontais. Questionamento não significa contestação, mas interesse. A geração digital não consegue obedecer sem compreender os porquês da ordem. Para esta geração, a autoridade não é conquistada apenas por uma nomeação de cargo ou função, mas pela proximidade e atitude autênticas.

Uma boa relação de amizade sabe que precisa ceder em alguns pontos, perdoar e acolher a diferença do outro. Como Corpo Conectivo de Cristo, devemos perceber que a diversidade é a maior riqueza da comunidade. Conhecendo agora um pouco mais sobre a geração net, precisamos refletir sobre o que é importante compartilhar com eles e qual a maneira certa de conduzi-los a um encontro autêntico com Deus.

Pistas de ação

- Visite o grupo, movimento ou catequese para jovens da sua comunidade, converse com eles, conheça seus gostos e desgostos, saiba o que pensam sobre a vida, igreja e sociedade, escute suas queixas e peça sugestões de mudança para melhorar a comunidade, a catequese, o grupo.
- Para registrar, sugiro gravar em áudio o diálogo, pois deixa as pessoas mais à vontade para interagirem.
- Tabule e analise as respostas, tente traçar o perfil do jovem que frequenta a sua paróquia, ele não é muito diferente do jovem que está lá fora esperando a sua acolhida. Assim, você conhecerá as características principais da juventude que você quer evangelizar e aprenderá com ela mesma formas mais adequadas de se aproximar e cativá-la.
- Após esse primeiro contato, mantenha o diálogo informal e pessoal com cada um deles sempre que possível, faça com que isso não seja uma ação isolada, mas a construção de um hábito de diálogo fecundo.
- Compare os resultados de pesquisa com o planejamento que você fez no passo anterior. Aprimore seu plano com as ideias trazidas pelos jovens.

QUARTO PASSO: o que e como compartilhar?

É difícil separar o que compartilhar de como compartilhar, pois, como citamos anteriormente: "o meio é a mensagem". *O que compartilhar?* A Boa notícia! *Como?* Por meio do testemunho em palavras, imagens e gestos concretos de ternura, bondade, mansidão, fé, esperança e caridade. Qual é o jeito mais eficaz de comunicar o amor de Deus? Dizendo apenas "Jesus te ama" ou fazendo a pessoa sentir-se amada com um abraço bem apertado e sincero? Na evangelização, conteúdo e forma se misturam. Francisco (2016) afirma que só é possível fazer discernimento de histórias, não de ideias soltas. Por isso, vou contar algumas experiências de evangelização que eu vivi, para refletirmos sobre nossa ação pastoral.

Lendo o Documento Preparatório do Sínodo sobre os jovens, me recordei de uma das mais ricas experiências de evangelização que eu experimentei. Não há como eu falar de evangelização sem contar o que vivi assessorando o ministério dos coroinhas da minha paróquia. Este ministério era formado por crianças e adolescentes a partir do segundo ano de catequese que desejavam servir o altar. Durou apenas um ano e meio, mas foi uma experiência muito intensa. A comunidade precisava de alguém que ensinasse e organizasse esse ministério, auxiliando uma outra pessoa. Aceitei o desafio e comecei a aprender sobre o serviço dos coroinhas.

Não tinha pedagogia, não dominava nem o conteúdo, nem a prática, mas algo que eu fazia, que eu era ou o modo como eu os tratava começou a chamar a atenção deles. O que eu fazia de diferente? Apenas tinha um carinho e amor por eles que manifestava com pequenos gestos, como cumprimentá-los quando nos encontrávamos na rua, dar-lhes um sorriso e um olhar atento, chamá-los pelo nome, abraçá-los, conversar com eles. Atitudes aparentemente simples, como podem surtir tanto efeito? Esse testemunho serve para aprendermos que, para mudar o mundo, precisamos começar com pequenas atitudes de atenção, gentileza e solidariedade com as pessoas ao nosso redor.

> **Para aprendermos que, para mudar o mundo, precisamos começar com pequenas atitudes de atenção, gentileza e solidariedade**

Por estarmos vivendo a era digital e a forma de comunicação mais característica desses jovens ser a cibernética, muitas vezes focamos em realizar uma comunicação digital eficaz e esquecemos que o ser humano é ser humano em todos os tempos e que vai precisar sempre de uma relação física calorosa. O Documento Preparatório para o Sínodo dos Bispos de 2018 vai na mesma linha de raciocínio e destaca algumas características que os evangelizadores não podem deixar de ter, inspiradas nas próprias atitudes de Jesus: o olhar amoroso, a palavra autorizada pela Igreja, a capacidade de fazer-se próximo, a empatia, o caminhar ao lado do jovem, o testemunho autêntico, a coragem de ir contra os preconceitos mais difundidos (p. II, n.4). Pude comprovar esse pensamento na minha relação com os coroinhas.

> Atitudes de Jesus: o olhar amoroso, a palavra autorizada pela Igreja, a capacidade de fazer-se próximo, a empatia, o caminhar ao lado do jovem, o testemunho autêntico, a coragem de ir contra os preconceitos mais difundidos

Na época, eu morava na casa de retiros nos fundos da paróquia. Quando eles descobriram isso, começaram a aparecer nos mais diversos horários. Às vezes, só para dizer: "Oi!". Se dependesse deles, passavam o dia inteiro no território paroquial. Ali se sentiam seguros, livres e tinham em mim um ponto de referência, alguém que lhes dava uma atenção sincera.

Nesse Documento Preparatório para o Sínodo o magistério transparece o desejo de resgatar a atenção sobretudo dos jovens, colocando os membros da Igreja como pontos de referência positivos na vida deles. Essa vocação exige do evangelizador algumas aptidões: "O cuidar, o guardar, requer bondade, requer que seja praticado com ternura" (p. II). Pois cada jovem, cada homem e mulher tem o chamado fundamental à "alegria do amor" (p. II, n.1).

Além das missas de fim de semana, os coroinhas começaram a querer participar das missas diárias, teve um que queria servir até na missa das 6 e 25 da manhã. Sempre estavam presentes nos mutirões da comunidade, nas festas, vigílias, eventos. E lá ia eu, buscá-los e levá-los para casa, pedir autorização das mães e dos pais para que eles participassem de alguma atividade. Os familiares geralmente gostavam que eles estivessem participando da Igreja sob a minha supervisão, eles me achavam um bom exemplo, pois sabiam que eu estudava muito. Essas crianças e adolescentes eram "pau para toda obra" e tudo era diversão. Não importava o que eu estivesse fazendo, só queriam estar ao meu lado.

Algumas vezes, saía de tarde com eles pelo bairro para divulgar algum encontro e depois lhes dava um lanche simples. Algumas irmãs e irmãos de comunidade me ajudavam nesse pastoreio, pois sozinha eu não dava conta. Aos poucos, essa ligação pessoal comigo levou-os naturalmente a fazer amizades com outras pessoas da comunidade. Assim, de um ponto de referência surgiram outras luzes para a vida pessoal e comunitária deles.

Eles gostavam tanto de estar ali que começaram a falar para outras crianças e adolescentes que a Igreja era muito legal. Não sabiam dizer o porquê era muito legal, mas o entusiasmo deles ao falar da Igreja era tamanho que começaram a contagiar seus amigos e vizinhos. Resultado: os próprios coroinhas começaram a trazer espontaneamente outras crianças que nunca tinham pisado dentro de uma igreja antes. E não é justamente esse o desejo de todo evangelizador? Os coroinhas conseguiram o que a maioria de nós evangelizadores nos esforçamos tanto para alcançar, muitas vezes sem sucesso aparente: viver e testemunhar a alegria de amar e sentir-se amado. Nesse momento eles estavam vivenciando a Igreja sonhada por Francisco: uma Igreja que seja casa de todos.

> **Precisamos buscar o equilíbrio nas nossas relações entre evangelizadores e evangelizados.**

Porém, para muitas pessoas, essa situação estava se tornando um problema. Claro que precisamos buscar o equilíbrio nas nossas relações entre evangelizadores e evangelizados. Tive que aprender a dar-lhes limites e horários. Mas é uma pena que alguns membros da comunidade não tenham percebido a oportunidade que Deus estava nos dando de transformar a vida desses jovens. Eram crianças e adolescentes vindos das "periferias existenciais" da nossa sociedade – barulhentos, travessos, alguns até hiperativos. Se não estavam servindo o altar, não paravam quietos durante a missa.

Pessoas da comunidade começaram a reclamar, não tiveram a capacidade de compreender a grande graça que Deus estava nos concedendo: ter a presença de crianças e jovens inteligentes, ativos, alegres, disponíveis, cheios de vida, verdadeiros diamantes brutos a serem lapidados. A comunidade não estava preparada para recebê-los, houve resistência e preconceitos de alguns – tudo aquilo que tem o potencial de acabar com qualquer relação evangelizadora. É como certos comunicadores partilharam numa aula que eu ministrei em Minas Gerais sobre evangelização: "Às vezes, nós fazemos uma boa comunicação externa, através da rede, a pessoa vem e se depara com pessoas nada acolhedoras, muitas vezes arrogantes, que se sentem donos da Igreja".

Sobre como o jovem é frequentemente visto dentro e fora da Igreja, o Documento Preparatório para o Sínodo de 2018 (p. III, n. 2) afirma: "Na prática, eles são muitas vezes tratados pela sociedade como uma presença inútil ou importuna: a Igreja não pode reproduzir esta atitude, porque todos os jovens [...] têm o direito de ser acompanhados no seu caminho". Aqui percebemos não apenas o conflito de gerações, mas principalmente de percepções da realidade, de mentalidades e visões de mundo distintas. Comecei a ouvir de algumas pessoas: "Você não pode se envolver demais na vida deles, isso não é o seu papel". "Dá um jeito neles, Aline, eles não podem vir bagunçar a toda hora e todos os dias".

Certa vez, num encontro de coroinhas a outra assessora falou para eles: "Vocês podem nos chamar como acharem melhor". Então, uma das coroinhas me perguntou: "Posso te chamar de mãe?" Fiquei surpresa com a pergunta e, como a pressão era grande em cima de mim, respondi: "Acho que não, melhor me chamar só de Aline". Se arrependimento matasse! Naquele momento perdi a oportunidade que aquela menina me havia dado de entrar na sua vida e transformá-la à luz do Evangelho. E não foi a única com esse tipo de atitude e que, por receio do que os outros iriam pensar, julgar e dizer, retraí a amizade fecunda que eu poderia ter cultivado. Não é essa a atitude que Francisco espera e ensina. Mesmo com vários membros da Igreja criticando-o, ele se mantém firme nas suas convicções.

Quem caminha seguindo os passos do mestre sabe que eles acabam na cruz. Então, vamos encontrar muitas tribulações e lutas no percurso evangelizador, e isto também é um sinal de que estamos no caminho certo. O Documento Preparatório para o Sínodo de 2018 descreve o processo de discernimento com três verbos: reconhecer, interpretar e escolher (p. II, n. 2). O dom do discernimento é importante não só na escolha da vocação, mas também para se ter uma ação evangelizadora afinada com a vontade do Senhor. Para discernir, é preciso *reconhecer* as realidades, experiências e relações do jovem, *interpretá-las* e *escolher* que atitudes tomar para levar esse jovem a um encontro pessoal com Cristo. Isso acontece não só no anúncio por meio de alguma mídia ou evento, mas no acompanhamento dos jovens.

A evangelização deve ser vista como um processo comunicativo e uma relação que vai se aprofundando e se enriquecendo com o tempo. Talvez você não acompanhe esses jovens durante toda a sua caminhada; às

> A evangelização deve ser vista como um processo comunicativo e uma relação que vai se aprofundando e se enriquecendo com o tempo.

vezes, como aconteceu comigo, é uma fase crucial para que eles se descubram, descubram a comunidade de fé e seu papel nela.

Queremos criar postagens inovadoras na rede. Calma, vamos chegar lá. Mas antes precisamos traçar um projeto de evangelização. Nesse processo evangelizador necessitamos de múltiplas formas de encontro com Deus e com os outros que vão marcando a memória da experiência vivida na jornada. Sugiro pensar três estruturas de encontro: encontros de imersão, encontros semanais e encontros diários.

Os encontros de imersão seriam anuais, semestrais ou trimestrais, depende do ritmo, disponibilidade e oportunidade que o grupo tenha. Seriam momentos de profunda experiência de Deus através de retiros, acampamentos ou algum evento de fim de semana. Tem gente que tem ojeriza pela palavra evento, mas ela é fundamental e marca o processo. É comum refletirmos na teologia sobre o Evento Cristo, isto é, a série de eventos cruciais na vida de Jesus que nos relatam o Evangelho: encarnação, vida pública, paixão, morte e ressurreição. Portanto, realizar eventos legais para a juventude se reconhecer diante de Deus e do seu semelhante é algo maravilhoso. O que não se deve pensar é que só com encontros pontuais esparsos estamos evangelizando a juventude. Outra coisa é fazer eventos sem um objetivo claro dentro do caminho planejado. Experiências fortes de encontro com Deus marcam nossa história e caminhada. Precisamos, então, organizar eventos que proporcionem isso.

Na hora de divulgar um evento, não basta comunicá-lo usando a lógica da programação da mídia tradicional. O tempo em que só fazer um evento bacana bastava para lotá-lo de jovens passou. Se fizer desse jeito, espere no máximo que apareça um amigo de um jovem que frequenta o grupo, que confiou na palavra do amigo ou viu a postagem dele na rede. O convite só funciona pelo testemunho de alguém com quem se tem uma forte relação ou por quem se tem admiração. Nas nossas divulgações, precisamos usar a estratégia viral, a tática do contágio, o boca a boca físico e digital. Para atrair, temos que contagiar os nossos contatos com a nossa alegria e ardor do coração. Já fiz e vi outros evangelizadores fazerem campanhas pelo Facebook nas quais os amigos desafiam-se mutuamente a gravarem um vídeo de forma criativa, convidando para o evento e testemunhando sua vivência cristã. Uma dica: organize e comece a divulgar seus eventos com pelo menos seis meses de antecedência, pois, eventos elaborados em cima da hora, geralmente, ficam mal feitos e vazios.

> **Para atrair, temos que contagiar os nossos contatos com a nossa alegria e ardor do coração.**

Na minha comunidade tivemos experiências interessantes com retiros e acampamentos. Vou contar uma delas. Um certo ano, a catequese de crisma estava chegando à sua conclusão, mas os catequistas estavam insatisfeitos com o grupo de crismandos e com o resultado dos encontros. Pensaram em uma última tábua de salvação: o retiro da crisma. Eles não entendiam porque o método que eles usaram por tanto tempo nos encontros não estava mais surtindo o efeito esperado, então quiseram fazer um retiro todo diferente e me chamaram para auxiliar.

Primeira medida: abolimos todas as palestras, pois é uma forma passiva e, como vimos, para a geração net não basta ouvir, tem que participar. Para abordar os assuntos, optamos por dinâmicas, testemunhos e conversas em grupos. Outra novidade: tivemos praticamente o sábado todo para fazermos atividades com os jovens. Saímos da casa de retiros e fomos para um sítio próximo.

Lá, fizemos dinâmicas, envolvendo os catequistas e os crismandos, relacionadas à autoimagem, confiança em si e nos outros, atividades radicais que simbolizavam os obstáculos da caminhada de fé. Depois de cada atividade, faziam partilhas em equipe sobre a experiência. Além disso, fizemos o que podemos chamar de Leituras Orantes Interativas do Evangelho, uma experiência de imersão em uma passagem da vida de Jesus.

Aqueles que acreditam que só se pode pregar falando e ter experiência de Deus com as formas tradicionais de interioridade podem pensar que os jovens passaram o dia todo brincando e que não havia sentido algum nas atividades propostas. O que essas pessoas não sabem é que precisamos preparar e afofar bem o terreno para que a semente caia em terra boa.

Essas atividades não foram as mais importantes do retiro, mas sem elas os jovens estariam dispersos nos momentos cruciais. Ao voltarem alegres, cansados e empolgados com as coisas diferentes que experimentaram, à noite tiveram um forte momento de oração e adoração na capela. Quem diz que jovem não gosta de rezar está enganado, eles ficaram em intensa oração de louvor, súplica e ação de graças por mais de duas horas. Perguntados sobre qual foi o momento mais marcante no retiro, a resposta foi unânime: a oração na capela (aliás, é importante depois das ações sempre termos um *feedback*). Eles experimentaram a alegria do amor de Deus e isso muda a vida de qualquer pessoa.

> A alegria do amor de Deus muda a vida de qualquer pessoa.

Outra coisa que aconteceu nas dinâmicas foi que eles foram divididos em equipes, com pelo menos um catequista, e precisaram da unidade de todos para superar os desafios. Isso mudou a relação entre catequistas e catequizandos, deixou-os mais próximos. Ao final do retiro um dos catequistas testemunhou que, até aquele retiro, ele não tinha conseguido amar os catequizandos, mas depois dessa experiência em conjunto ele passou a amá-los.

Este retiro foi alicerçado sobre a premissa de que antes de o jovem chegar à fé-confiança em Deus, precisa alcançar a fé-confiança em si e nos outros, precisa acreditar no ser humano para poder acreditar nas palavras e ações de um homem fora de seu tempo, Jesus de Nazaré. Os jovens falaram e eu concordo: pena que essa experiência foi feita apenas no final do percurso preparatório da Crisma. Sem dúvida, os encontros teriam sido diferentes e melhor aproveitados tanto pelos catequizandos quanto pelos catequistas se essa experiência tivesse acontecido no início.

Outra modalidade de encontro que precisamos rever a estrutura são os encontros semanais, seja dos movimentos, catequeses ou grupos de jovens. Cada um desses tem sua identidade característica, mas algumas dicas podem ser dadas. A dica fundamental é: faça o jovem interagir em todos os momentos. Dinamismo e criatividade são as palavras-chave na oração, no ensino, na brincadeira, na partilha. Surpreenda-os. Mas também respeite o momento, o ritmo e a disposição de cada um. Se o jovem não quer interagir, falar, se mexer, deixe-o. Se ele sair no meio da dinâmica, não o julgue. Você não sabe o que o levou a agir assim, o que ele está passando. Não brigue, nem os obrigue a nada. Não insista demais. Eles só fazem a experiência do amor de Deus na liberdade.

Quando termina a missa, o grupo de jovens, o encontro de catequese na paróquia, onde a gente pode se encontrar novamente? Na internet. E que postura, atitude, testemunho e exemplo de vida sadia nós damos para os nossos contatos quando nos reencontramos nas redes? A terceira e a mais nova forma de encontro que precisamos aprender é ser comunidade digital. A evangelização on-line deve ser pensada em dois módulos de comunicação: *ad intra* e *ad extra*, isto é, respectivamente, cultivar a relação com os jovens que já participam e buscar o encontro e o diálogo com os de fora. Em ambos os casos cuidar do perfil pessoal é fundamental. Somos aquilo que postamos, curtimos e compartilhamos. Para as pessoas com quem nos relacionamos apenas digitalmente, a imagem do nosso perfil é a única conhecem a nosso respeito.

> **Somos aquilo que postamos, curtimos e compartilhamos.**

Para atingir o público interno e externo, você precisa de estratégias distintas, mas que estejam interconectadas num plano mais abrangente. Por exemplo, na comunicação para os de dentro, se você percebe que os jovens interagem mais no Facebook, crie um grupo no Facebook, se você constata que eles trocam mais mensagens pelo Whatsapp, crie um grupo no Whatsapp. Para os de fora, criar uma página no Facebook é uma boa opção. Para ambos os públicos, um perfil no Instagram é uma experiência válida, pois é a rede social que mais cresce entre os jovens atualmente.

Mas seja qual plataforma você use, e não é necessário estar em todas, certifique-se de que você vai alimentá-la diariamente, um grupo parado, sem atualizações e interações, é um grupo morto. A mesma coisa vale para a página, o perfil no Instagram: quanto mais conteúdo você publica, criativo, de qualidade, utilizando linguagens audiovisuais, mais os algoritmos das mídias sociais vão divulgar você.

Vinícius Farias, em seu livro *Conectados para o encontro* (2015, p. 18), escreve que a oração é a fonte das boas postagens. Toda a ação evangelizadora, frente de missão, atividade e decisão na nossa vida tem que ser sustentada por uma intimidade com Deus por meio da meditação da Palavra. Essa é a fonte da autenticidade de uma vida em Cristo e fonte do sucesso de uma postagem, pois para causar efeito é necessário ser você mesmo. Como diz Bento XVI (2013), "as pessoas que nelas [nas redes] participam devem esforçar-se por serem autênticas, porque nestes espaços não se partilham apenas ideias e informações, mas em última instância a pessoa comunica-se a si mesma". No entanto, fique atento: nem toda a experiência de Deus e de sua vida pessoal deve ser publicada, há coisas que precisamos apenas guardar no coração. Faça um bom processo de discernimento antes de sair publicando suas intimidades.

Três posturas que vão nos ajudar em qualquer tipo de encontro é a escuta, o diálogo e a empatia. Escutar significa ter um ouvido atento para captar os desabafos e as alegrias do jovem, mas também a abertura para aprender com ele e acolher as suas sugestões e ideias. O que falta hoje é alguém que escute o que os jovens têm a dizer, sem julgamento. Na verdade, todos nós precisamos de alguém que nos escute com atenção.

> Três posturas que vão nos ajudar em qualquer tipo de encontro é a escuta, o diálogo e a empatia.

O diálogo para a prática evangelizadora demonstra que a evangelização não é o mero anúncio de uma verdade, mas que, como o Papa Francisco (2014) define, "a verdade é um encontro", o encontro com a pessoa de Jesus Cristo por meio de pessoas como eu e você. O diálogo, portanto, é o encontro entre pessoas que buscam, em relação, chegar à verdade; e para a evangelização, o objetivo do diálogo é chegar a Jesus que é o caminho, a verdade e a vida (Jo 14,6).

Francisco também nos ensina que não basta o diálogo, é necessário ter empatia. Empatia é aquilo que torna o encontro fecundo, é se colocar no lugar do outro para compreender suas ações e sua forma de pensar. No final, o que se percebe é o desafio crescente de cultivar relações autênticas, superar os abismos de visões de mundo, cultura, comportamento e comunicação totalmente diferentes.

> **Empatia é aquilo que torna o encontro fecundo, é se colocar no lugar do outro para compreender suas ações e sua forma de pensar.**

Então, o envolvimento cada vez mais profundo com a vida desse jovem é fundamental. Claro, sejamos prudentes em não invadir a privacidade dele e vice-versa. Pode bater na porta, puxar uma conversa ou chamar no privado, mostrar que se importa com ele, mas deixe que o jovem tome a iniciativa de convidá-lo a entrar. Por incrível que pareça, muitas vezes o jovem acredita que aquilo que ele posta nas redes sociais só os seus amigos mais chegados vão ver, ele se esquece que adicionou milhares de contatos e você é um deles. Ele não espera que você veja, muito menos curta e coloque um comentário. Isso pode ser uma surpresa boa ou ruim para ele, por isso, cautela nas suas interações. Ser "amigo" de Facebook não significa ser íntimo, mesmo que você visualize tudo o que a pessoa faz e posta. Moderação nas curtidas, senão o jovem pode pensar que você o está perseguindo ou é obcecado por ele. Busque criar relação antes de interações públicas. Perceba se ele curte aquilo que você posta ou até compartilha, se sim, é um sinal que te admira, que tem ideias ou interesses em comum. Aí sim, você pode retribuir quando ele publica algo que te agrada ou você quer estimular alguma boa atitude dele.

Algumas dicas para uma boa (con)vivência digital:

Evite: repassar correntes, promoções (que muitas vezes são vírus), entrar em discussões em defesa da fé com ateus e com praticantes de outras religiões que levam à separação e ao ódio, publicar ou enviar anjinhos com uma frase bíblica. Lembre-se que toda a publicação deve ter uma finalidade clara.

Está liberado: o testemunho, a partilha de histórias de vida, publicar em qualquer linguagem atos de fé, amor, amizade e família. Um momento de alegria com a família ou amigos evangeliza muito mais do que a imagem de um santo com uma frase de efeito.

O mais importante, o que faz toda a diferença, é ensinar aquilo que crê e viver aquilo que ensina. Evangelizadores: vivam a mensagem!

> O mais importante, o que faz toda a diferença, é ensinar aquilo que crê e viver aquilo que ensina.

Pistas de ação

- Com todos os conhecimentos e experiências partilhadas até aqui, revise e refaça, se for necessário, o planejamento pastoral.
- Acrescente ou detalhe melhor o plano de ação evangelizadora da juventude, seguindo a sugestão de três estruturas de encontro: encontros de imersão, encontros semanais e encontros diários.
- Crie uma equipe de jovens evangelizadores digitais e planeje com eles as ações que vocês realizarão na internet. Lembrando que essas interações devem ser contínuas, se não conseguirem produzir conteúdos diários, que sejam ao menos semanais. É melhor escolher só um canal que consigam manter atualizado do que várias páginas estagnadas.
- O essencial é que o conteúdo da evangelização seja o testemunho da sua própria fé vivida com autenticidade. Não se deve transmitir uma imagem ilusória de perfeição, mas partilhar as lutas e alegrias de alguém que busca incessantemente viver como Jesus viveu.

CONCLUSÃO

Não existe um único método ou o método perfeito. Quando pensamos no caminho estreito de que nos fala o Evangelho, imaginamos que exista um único caminho para a nossa vocação, profissão, apostolado e estado de vida. Esse tipo de visão é muito comum e gera muita angústia e ansiedade no jovem, especialmente na era digital que oferece infinitas possibilidades. Qual caminho é o certo para eu seguir? Qual vocação escolher? Todos têm medo de errar, fracassar, se desviar do plano de Deus para a sua vida.

Entretanto, existe uma falha nesse tipo de discernimento. O caminho estreito, a vocação e missão última da nossa vida, o sonho de Deus mais importante se resume em duas sentenças: "Amar a Deus sobre todas as coisas e ao próximo como a si mesmo" (Mt 22,37-39). O único caminho a percorrer que nos leva ao Pai é a via da caridade, do amor, da misericórdia, da compaixão, da doação total de si a Deus e aos outros. Esse é o caminho mais estreito, tão simples e tão difícil de se manter nele. O "como", o modo ou método de percorrê-lo vai depender da sua história de vida, das oportunidades e pessoas que surgem pelo caminho e te influenciam, das aptidões naturais e aquelas que você desenvolve ao longo da caminhada. Isso não significa que o "como" percorrer não seja importante, ele apenas não é tudo. Isso nos alivia do pesado fardo de sermos infalíveis. Ser perfeito como o Pai é perfeito é, na verdade, ser misericordioso como o nosso Pai celeste é misericordioso. Amar o próximo como a nós mesmos quer dizer ter misericórdia primeiro de nós mesmos para também termos compaixão da miséria dos outros. Só erra quem faz, só comete erros quem tem a coragem de buscar acertar.

> É importante aprender a caminhar, pois o modo como você caminha vai definir a velocidade do seu passo, a duração do percurso e a chegada ao seu destino.

Papa Francisco prefere uma Igreja acidentada e suja por ter saído pelo caminho a uma Igreja segura, fechada em si mesma, doente de autorreferencialidade (EG, n. 49). Ufa, que alívio, podemos errar, cair e nos enlamear, a única coisa que não podemos é nos acomodarmos e desistirmos de trilhar esse caminho. Você aceita? Aceita se aventurar pelo caminho? Correr os riscos e as incertezas da jornada? O troféu é poder caminhar, a recompensa é o que você vai aprender, viver e sofrer pelo caminho. Isso mesmo, o sofrimento é um dos prêmios dos caminhantes.

Portanto, é importante aprender a caminhar, pois o modo como você caminha vai definir a velocidade do seu passo, a duração do percurso e a chegada ao seu destino. Caminhando se faz o caminho. Então, não se desespere para descobrir qual vocação você tem, mas caminhe com o Senhor e viva a vocação da caridade e, assim, ao longo do caminho, o horizonte vai se ampliando e naturalmente você conhecerá melhor seus potenciais e suas limitações. Apenas siga adiante com os olhos fitos no Senhor, e que a luz do Evangelho seja nosso guia.

Senhor Jesus Cristo, Filho de Deus Vivo, envia o teu Santo Espírito e faz nosso coração de discípulo arder como em Pentecostes!

Maria, Estrela da Evangelização, rogai por nós!

Capítulo IV

O JOVEM COMO SUJEITO ECLESIAL

Welder Lancieri Marchini

INTRODUÇÃO

> A pastoral da Igreja é chamada ao desafio de tornar a mensagem de Jesus acessível aos jovens.

A juventude não é mais a mesma. Isso podemos constatar a partir das reflexões propostas nos capítulos anteriores. A pastoral da Igreja, mais que lamentar tempos difíceis, é chamada ao desafio de tornar a mensagem de Jesus acessível aos jovens do mundo de hoje, com seus anseios, sonhos, frustrações e angústias. E se a pastoral juvenil continuar evangelizando com os mesmos métodos, não conseguirá se achegar aos jovens. A mensagem de Jesus é a mesma. O seu Evangelho é o mesmo. São as práticas pastorais que devem assumir novos métodos para conseguir chegar aos resultados desejados.

A pastoral juvenil precisa ser planejada. Não podemos ser amadores apenas porque acreditamos que aquilo que fazemos é precioso e a ação de Deus garante a propagação da mensagem do Evangelho. Na verdade, essa postura revela certo desrespeito aos planos de Deus.

A Igreja está longe de ser uma empresa, mas há uma reflexão do mundo empresarial que nos é muito útil. Nosso trabalho deve ter eficiência e eficácia. A eficiência está relacionada aos processos pastorais. Devemos fazer bem feito aquilo a que nos propomos. Nosso trabalho com os jovens deve sair do amadorismo. Isso não significa gastar mais. Uma comunidade pode ter pouca estrutura e recursos, mas planejar seu trabalho pensando caminhos e estratégias para fazer um bom trabalho com os jovens.

A eficácia está relacionada aos resultados. E aqui uma reflexão é importante: nem sempre os bons resultados estão relacionados aos números. A eficácia está relacionada ao critério que adotamos. A pastoral juvenil precisa pensar qual é o seu modelo de participação dos jovens.

O critério que assumiremos nesta reflexão é o da formação dos jovens como sujeitos eclesiais. Esse critério está de acordo com as exortações do Papa Francisco, dos documentos do CELAM e da CNBB. O sujeito eclesial busca ser maduro na vivência de sua fé, construindo uma participação ativa na comunidade. Buscaremos trazer algumas reflexões que possam apontar pistas para que as comunidades construam estratégias para um trabalho juvenil que busque ser eficiente e eficaz.

1

DE QUE JUVENTUDE ESTAMOS FALANDO?

É comum pensarmos que os jovens são todos iguais e que os métodos de evangelização da juventude servem para qualquer jovem. Mas qual é o jovem que queremos evangelizar? Para termos um trabalho mais eficiente, é necessário identificar qual o perfil do jovem que participa de nossa comunidade.

Para entender melhor a relação dos jovens com as instituições religiosas, vamos dividi-los em três grupos: aqueles que são totalmente alheios à Igreja, que chamaremos de *juventude inatingida*; aqueles que participam de alguns eventos religiosos, mas não querem que a Igreja influencie sua vida, que chamaremos de *juventude de participação eventual*; e, por último, aqueles que aderem à vivência eclesial, que chamaremos de *juventude religiosa*. Essa reflexão é, originalmente, do teólogo brasileiro João Batista Libanio (2004). A nossa reflexão irá na direção de entender os mecanismos pastorais que envolvem esses três grupos juvenis.

Todos esses três tipos – que poderiam ser subdivididos em tantos outros mais – trazem os traços elencados anteriormente, seja em maior ou menor intensidade. Ainda, um grupos juvenil de uma comunidade católica pode reunir jovens com esses três traços. Por isso a separação em grupos é unicamente para entendermos os modelos, sabendo que a realidade é múltipla e misturada.

a. *A juventude inatingida*

Essa é a parcela da juventude – provavelmente a maior parcela dentre os jovens – que já nasceu e cresceu fora dos ambientes eclesiais. Alguns desses jovens podem até enxergar na Igreja alguns traços de valor cultural, mas a maioria deles não a considera nem como tradição cultural e muito menos moral. Para eles a religião é vista como algo folclórico e seus seguidores tornam-se sinônimo de pessoa ultrapassada. Eles podem até, em algum momento da vida, participar de celebrações matrimoniais ou de algum batismo, mas, no geral, se apresentam alheios à instituição religiosa, nunca participaram de processos catequéticos nem de celebrações dominicais frequentes. Esse perfil de jovem é totalmente alheio aos ensinamentos da Igreja.

b. *A juventude de participação eventual*

Muitos estudiosos diziam que a religião iria acabar e que a modernidade significava uma sociedade sem religião. Essa previsão não se concretizou e as pessoas, inclusive os jovens, continuam procurando as religiões, dentre elas a Igreja Católica. Entretanto, muito desses jovens não buscam um intenso envolvimento comunitário, mas uma participação eventual. Isso significa que eles participam das práticas e eventos religiosos, mas não das estruturas comunitárias. Esse envolvimento exigiria um comprometimento maior do que aquele que eles se propõem a oferecer. Outra característica desse jovem é a separação clara entre aquilo que a Igreja fala e aquilo que ele faz. Ele se sente totalmente livre para construir sua vida, principalmente no campo da sexualidade.

> Os jovens continuam procurando as religiões.

A participação eventual não é oposta à adesão a uma comunidade de fé. É antes a religião identificada como prestadora de serviço. É como se a pessoa construísse com a Igreja uma relação parecida com a que o consumidor tem com o supermercado. Não há projeto de vida. Há uma necessidade apresentada pelo jovem fiel que é atendida – ou, comumente, não – pela comunidade. Geralmente estas necessidades estão relacionadas a afetos ou desafetos, como o fim de um relacionamento, uma doença, a morte de um familiar ou até mesmo a necessidade de passar no vestibular ou ser selecionado para uma vaga de emprego.

c. *A juventude religiosa*

Essa faixa da juventude se identifica com a Igreja. Numericamente, é provável que esse seja o menor grupo. São os jovens que aderem afetiva e efetivamente às práticas religiosas e aos ensinamentos morais da Igreja – ou, de maneira mais específica, do segmento ou grupo ao qual pertencem. Encontramos nesse grupo desde os jovens que participam das pastorais paroquiais de maneira mais profunda como também das Comunidades Eclesiais de Base (CEBs) ou dos grupos de orientação carismática. Mesmo que todos esses jovens sejam católicos e pertençam à Igreja, eles cultivam diferentes espiritualidades e estratégias pastorais.

Também fazem parte da juventude religiosa os membros dos diferentes movimentos e serviços da Igreja como, por exemplo, os jovens da Sociedade São Vicente de Paulo, os Focolares e os jovens do Caminho neocatecumenal. Como fazem parte de um movimento ou sociedade específica e que geralmente se organiza em grupos menores, esses jovens têm uma participação mais intensa e auxiliam estruturalmente o grupo ao qual pertencem.

De certa forma, a evangelização desses jovens não é problema para as comunidades. Geralmente eles são filhos de católicos e cresceram no seio da comunidade. A juventude religiosa participa das atividades da comunidade e de suas organizações e, muitas vezes, esses jovens são lideranças comunitárias.

Os três diferentes grupos, o da *juventude inatingida*, o de *participação eventual* e a *juventude religiosa*, podem ser contemplados pela ação evangelizadora da Igreja. Mas aqui cabe uma reflexão que pode nos ajudar a melhorar o foco do nosso trabalho. A *juventude inatingida*, além de fazer parte de um grupo muito diverso internamente, forma um grupo grande e disperso. As estratégias de trabalho para a evangelização desses jovens são difusas e de difícil organização. A *juventude religiosa* já é evangelizada. Alguns podem dizer que falta uma constante formação e evangelização de tais jovens, mas é inegável que esses jovens têm uma participação comunitária e que, muitas vezes, são eles mesmos os protagonistas dos processos de evangelização.

> **Muitas vezes esses jovens são anônimos. Eles vão aos eventos, mas ninguém os conhece.**

O jovem de *participação eventual* é aquele que de alguma forma está na Igreja, mas não quer um envolvimento comunitário. São jovens que vão às missas dominicais, frequentam acampamentos da juventude, eventos promovidos pelas comunidades, como as cristotecas e os grupos de oração, mas não se sentem comunidade nem querem envolvimento. Muitas vezes esses jovens são anônimos. Eles vão aos eventos, mas ninguém os conhece. Por uma questão de estratégia, iremos focar nossa reflexão neste único grupo. Eles já estão na Igreja. Nosso objetivo é pensar estratégias de trabalho pastoral que os tire do anonimato e os leve ao compromisso com Jesus que se concretiza na comunidade.

1.1. AS CARACTERÍSTICAS DO JOVEM CATÓLICO EVENTUAL

Quando falamos do jovem de *participação eventual*, falamos daquele que participa de missas dominicais e às vezes vai às baladinhas, aos encontros e eventos promovidos pela comunidade, vai às romarias e peregrinações, acampamentos da Renovação Carismática ou até mesmo à Jornada Mundial da Juventude. O jovem de *participação eventual* está presente em todas as linhas e estilos de trabalho do catolicismo.

Esse jovem tem uma relação muito específica com a Igreja: ele participa do evento e não da comunidade. Vamos explicar a diferença. O jovem que participa da comunidade se sente parte dela, constrói uma história junto com as pessoas da comunidade, participa de suas pastorais, movimentos e serviços. Sua participação é estrutural, ou seja, o jovem *é da comunidade* e não apenas *vai à comunidade*.

O jovem de *participação eventual* tem o objetivo de participar do evento. Ele não está preocupado em fazer parte da história ou da vida comunitária, mas quer participar de uma atividade específica, ou seja, de um evento. Esse evento pode ser tanto de massa, como um grande acampamento ou uma missa de grande movimentação e com muita música, quanto um evento pequeno, como um terço desenvolvido pela comunidade ou uma baladinha. Não queremos aqui dizer que os eventos são ruins. O importante é entendermos que muitos jovens vão aos eventos, mas não têm adesão comunitária.

A primeira característica do jovem de *participação eventual* é ter como motivação a sua satisfação, seja porque encontrará pessoas, seja porque encontrará diversão ou mesmo porque encontrará Deus. E não há mal nisso, afinal, encontrar Deus e as pessoas não é ruim. Mas há um complicador para o processo de evangelização: a Igreja do evento se separa dos processos comunitários.

> A Igreja do evento se separa dos processos comunitários.

Como já dissemos anteriormente, a Igreja de participação eventual pode ser comparada à relação que o indivíduo tem com o supermercado. Geralmente não temos fidelidade gratuita ao supermercado. O que nos atrai a ele pode ser seus bons preços ou a qualidade de seu serviço, como estacionamento, localidade ou bons produtos. Quando outro supermercado, concorrente, oferece melhores preços ou um melhor serviço, facilmente mudamos de supermercado.

Não queremos dizer que as pessoas consomem religião, mas muitas vezes vão à igreja quando precisam de um serviço específico, como um sacramento, uma bênção, uma orientação, ou quando estão doentes, desempregadas ou depressivas. É legítimo ir à igreja quando precisamos, mas devemos ir além. A comunidade cristã tem algo muito mais valioso a oferecer: a pessoa de Jesus de Nazaré. Na prática, o seguimento a Jesus e seu projeto se traduz aos jovens como projeto de vida que se concretiza tanto na vida civil (família, escola, trabalho...) como na vida eclesial. Ao assumir um projeto de vida, o jovem assume-se como protagonista de sua própria história. Na comunidade religiosa, ele assume-se como sujeito eclesial (Doc. 105).

> A comunidade cristã tem algo muito mais valioso a oferecer: a pessoa de Jesus de Nazaré.

A juventude que assume uma religiosidade eventual é altamente individualizada, enquanto o projeto de Jesus é comunitário ou, no mínimo, se concretiza como compromisso de alteridade. A alteridade é uma palavra que vem da filosofia e que diz respeito ao ser humano que se lança em direção do outro.

Chegamos, então, à segunda característica da juventude de *participação eventual*: o individualismo. Ela é consequência da sociedade na qual vivemos. O indivíduo se torna critério e horizonte de todas as decisões. Critério porque o indivíduo faz unicamente aquilo que lhe dá satisfação ou aquilo em que acredita. E horizonte porque cada vez mais todos os discursos e estratégias são voltadas ao indivíduo. Um exemplo disso foi apontado por um conhecido padre cantor que disse que as músicas católicas não mais cantam a comunidade, mas são direcionadas todas ao indivíduo. E essa reflexão é bem verdadeira.

Se esse jovem de *participação eventual* busca a satisfação, isso também acontece no campo moral. Cada vez mais é comum as pessoas irem à Igreja, mas não aderirem às suas instruções. Isso nos mostra uma falha em nossa estratégia de evangelização: ou as instruções não fazem sentido para os jovens ou somos nós que não conseguimos nos comunicar segundo a linguagem deles. De certa forma, esse conflito aponta para uma evangelização de menos conteúdo e mais vivências, e não uma vivência individual, que busque satisfação, mas uma vivência existencial, que seja capaz de apontar Jesus como modelo e projeto.

Outra característica da *religiosidade eventual* é que ela agrupa os indivíduos, transformando-os em massa. Geralmente os momentos de evangelização são bons e divertidos, considerando o critério dos jovens. Mas em tais eventos os jovens são anônimos. Muitas vezes eles entram nas igrejas e ninguém sabe quem são, qual o seu nome ou onde moram. Este tipo de evento não é eficaz em relação ao projeto de vida dos jovens, pois não cria vínculos comunitários.

Os eventos são ruins? Não. Eles podem ser um ótimo modo de trazer o jovem para a Igreja. Mas o nosso desafio consiste em pensarmos, pastoralmente, em como podemos construir um ambiente propício para que o jovem se descubra como sujeito e se envolva comunitariamente, evoluindo da *participação eventual* para a *participação eclesial*. Esse jovem de *participação eventual* pode se sentir chamado a participar da comunidade, tornando-se assim um sujeito eclesial (CNBB, 2016).

Pistas de ação

1. Você consegue identificar as características e o perfil dos jovens que participam de sua comunidade?
2. A sua comunidade pensa em estratégias de trabalho com a juventude? Ou trabalha com o jovem da mesma forma que trabalha com os adultos?
3. Cada perfil de jovem pede uma diferente estratégia. Quais os melhores caminhos para que a pastoral juvenil de sua comunidade se aproxime dos jovens? Busque identificar aquilo que eles fazem no cotidiano.

2

ALGUNS FUNDAMENTOS BÍBLICOS

a. *A fé é comunitária*

Ao pensarmos as estratégias de evangelização, devemos ter as Escrituras como nosso principal critério. Nos Evangelhos, Jesus se apresenta como Boa Notícia. Também hoje, no trabalho com os jovens, somos chamados a apresentar Jesus como Boa Notícia. Mas isso é muito mais que uma frase ou fala. É um modo de ser, uma atitude que brota de dentro do cristão, como fruto de sua identidade que é construída na vivência e convivência comunitária.

> **São os discípulos os facilitadores do contato de Jesus com as pessoas.**

Desde o seu começo o cristianismo é comunitário. A comunidade é importante para a Igreja, pois a própria ação de Jesus nasceu comunitária. No Evangelho de Marcos, o início da vida pública de Jesus é marcado pelo chamado dos primeiros discípulos (Mc 1,16-18). Simão e André, que eram pescadores, largam as redes e seguem Jesus. Dentro da cultura judaica, Jesus forma uma pequena comunidade de seguidores. Juntam-se aos três – Jesus, Simão e André – os discípulos Tiago e João (Mc 1,19-20). Durante todo o evangelho de Marcos, a presença dos discípulos de Jesus é significativa. São os discípulos os facilitadores do contato de Jesus com as pessoas e, após a morte e ressurreição de Jesus, serão estes discípulos os continuadores do anúncio do reino.

Numa leitura catequética do Evangelho de Marcos, os discípulos descobrem quem é Jesus no decorrer do caminho percorrido com o Mestre. Jesus está sempre a caminho e junto dele estão os discípulos. Ponto forte da vivência do discipulado é a perícope de Mc 8,27-33. Há na relação de Jesus com seus discípulos um crescente. O discípulo se constrói como tal. E esse processo fica bastante evidente na relação de Jesus com Pedro. O diálogo entre eles está

> **Jesus está sempre a caminho e junto dele estão os discípulos.**

estruturalmente no centro do Evangelho de Marcos, que tem 16 capítulos. Aproximadamente na metade do Evangelho encontramos Pedro como exemplo do discípulo que começa a perceber quem é Jesus quando diz "Tu és o Cristo" (Mc 8,29).

Toda a perícope de Mc 8,27-33 se passa em ambiente de caminho em que Jesus andando com os discípulos, pergunta sobre o que as pessoas dizem a seu respeito. Após Pedro responder que Ele é o Cristo, Jesus diz que será crucificado; Pedro, então, chama Jesus à parte, ou seja, para fora do caminho, para dizer que isso não precisa acontecer. O texto do Evangelho mostra que Pedro, apesar de afirmar que Jesus é o Cristo, não entendeu que assumir essa postura é enfrentar a situação da cruz (Mc 8,31).

Há um conflito entre o Cristo esperado pela tradição judaica, que se assimilaria mais a um líder político, e Jesus de Nazaré, que morre na cruz, transparecendo politicamente o fracasso do projeto messiânico. Pedro é aquele que espera o Cristo da tradição – que assumirá o lugar deixado por Davi, cumprindo todas as promessas bíblicas – e não entende o projeto de Jesus. Por isso Jesus o compara a Satanás, dizendo "volte para trás de mim" (Mc 8,33), ou seja, volte para o caminho e assuma a postura de seguidor. Isso significa que todo discípulo, ao ler o Evangelho, é convidado a seguir o caminho e fazer a mesma experiência dos discípulos.

> *Todo discípulo, ao ler o Evangelho, é convidado a seguir o caminho e fazer a mesma experiência.*

Após a ressurreição de Jesus, o discipulado se concretiza na formação das primeiras comunidades cristãs. Mesmo sendo a fé um comprometimento que passa pela aceitação individual, ela se concretiza no seio da comunidade e para a comunidade. Assim acontece no dia de Pentecostes (At 2,1-13), quando o Espírito Santo é dado a cada indivíduo, mas na reunião da comunidade.

Na perícope que segue à do dia de Pentecostes vemos Pedro anunciando o querigma, que é o anúncio do Cristo em sua vida, morte e ressurreição (At 2,14-41). A fé em Jesus morto e ressuscitado passa a ser vivida na comunidade cristã, e tem nos Atos dos Apóstolos uma delineação específica, caracterizada pelo ensinamento dos apóstolos, pela comunhão fraterna, pela fração do pão e pela oração (cf. At 2,42). O capítulo 2 do livro dos Atos traz a comunidade como o lugar privilegiado onde a manifestação de Deus acontece pelo Espírito dado no Pentecostes (At 2,1-13) que faz Pedro anunciar o querigma (At 2,14-41) e que leva aqueles que aderem à fé a um comprometimento comunitário (At 2,42-47). Somente depois de falar desse processo de comprometimento comunitário que se dá pela vida comum e pela partilha, é que o autor do livro dos Atos traz a primeira cura conduzida por Pedro, na subida ao Templo (cf. At 3,1-10). A cura se dá como consequência de um processo de seguimento de Jesus, que passa pela vivência do discipulado e da vida comunitária.

> *Se o jovem é chamado ao discipulado, ele precisa se descobrir discípulo e seguidor de Jesus.*

Pedro, figura emblemática e cheia de vigor, será um grande continuador do projeto de Jesus. Mas isso só foi possível porque ele percorreu um caminho junto do Mestre. Se o jovem é chamado ao discipulado, ele precisa se descobrir discípulo e seguidor de Jesus. Isso acontece na convivência, nas celebrações, nos estudos e formações da comunidade.

b. *A construção dos discípulos de Jesus*

Se a fé é comunitária, ela também é adesão pessoal. É o cristão que dá sua resposta ao chamado de Deus. Quando assume sua vocação, ele se constrói como discípulo. Mas, na prática pastoral com os jovens, como podemos criar ambientes e possibilidades para que o jovem assuma seu discipulado? Antes de oferecermos algumas reflexões sobre as estratégias pastorais, vamos recorrer ao Evangelho de Mateus. A relação de Jesus com os discípulos nos ajuda a entender essa questão.

Em sua vida pública, Jesus contou com a ajuda de seus discípulos. Eles vivem justamente o oposto do que seria a religiosidade eventual. Mais que isso, eles se comprometem com o projeto de Jesus. No Evangelho de Mateus encontramos três nomes para identificar aqueles que buscam a Jesus: a multidão, os discípulos e "os Doze". Esses estilos de busca e seguimento de Jesus nos ajudarão a entender o trabalho de evangelização da juventude.

Em vários momentos Mateus narra Jesus pregando às multidões. Podemos dizer que a multidão vive uma religiosidade eventual. Ela vai atrás de Jesus, mas não sabe quem Ele é. A multidão está atrás de sinais, curas ou comida. É importante sabermos que no termo original, em grego, essa multidão é formada pelos excluídos, por aqueles que não têm espaço na sociedade. É legítimo irem atrás dos sinais de Jesus. Mas também é inegável que não há uma preocupação com o seu projeto. Jesus é muito mais que o pão distribuído ou o cego que é curado. Ele é o sentido para a vida e nesse sentido está o seu projeto.

> *Os discípulos são aqueles que têm nome, saem da multidão e assumem suas histórias, tornando-se seguidores de Jesus.*

A multidão que vai atrás de Jesus não tem nome, não tem sua história revelada, não tem projeto de vida. Já os discípulos são aqueles que têm nome, saem da multidão e assumem suas histórias, tornando-se seguidores de Jesus. Muitos, nos evangelhos, deixam a multidão e se tornam discípulos.

No Sermão da Montanha Jesus se afasta das multidões e ensina aos discípulos (Mt 5,1). É possível ver que os discípulos participam de maneira mais próxima da vida de Jesus. Sentam-se à mesa com ele (Mt 9,10), recebem seus ensinamentos (Mt 13,36) e até o poder de expulsarem demônios (Mt 10,1).

Também algumas parábolas, contadas para as multidões, são explicadas para os discípulos. A passagem da parábola do semeador é exemplo disso (Mt 13,1-9). Muitas vezes ouvimos que Jesus conta parábolas para facilitar o entendimento de sua mensagem. Mas se é assim, por que os discípulos, em separado da multidão, perguntam "Por que usa de parábolas para falar com eles?" (Mt 13,10). "Eles", no caso, é a multidão. E mais interessante é a resposta de Jesus, que diz "Porque a vocês foi dado conhecer os mistérios do Reino do Céu, mas a eles não" (Mt 13,11). Conhecer os mistérios do Reino, no contexto de Mateus, significa participar da vida de Jesus, tornando-se discípulo.

Temos, ainda, os apóstolos, também chamados de os Doze. Eles também têm uma relação de maior proximidade com Jesus e possuem nome (cf. Mt 10,2; 13,14). Cada um dos apóstolos também é um discípulo. Mas podemos entender que a função dos Doze está relacionada à organização de comunidades e da evangelização. Jesus prepara os Doze para a continuidade de sua missão, dando a eles certa autonomia para saírem em missão sem a Sua presença (cf. Mt 10,1-42). Por fim, com a ausência de Judas Iscariotes, Jesus envia os Onze com autoridade para que anunciem o Evangelho (Mt 28,16-20).

A relação de Jesus com seus discípulos e com os Doze nos mostra que a comunidade cristã deve ter a perspectiva de ir além da assistência prestada à multidão. Também nos mostra, com o exemplo do chamado do cobrador de impostos (cf. Mt 9,9-13), que os discípulos ou os Doze não são um grupo de eleitos, mas um grupo de pessoas que, ao se aproximarem de Jesus, se colocam a serviço.

As passagens bíblicas que aqui trouxemos nos mostram que a experiência de Jesus nos leva ao encontro do outro. Ela nos tira de uma relação de barganha com Deus, quando prometemos dar nosso trabalho em troca de "favores", e nos leva a construir um projeto de discipulado. Esse é o maior tesouro que a Igreja tem a oferecer ao jovem: uma vida com sentido. Para isso é necessário que o jovem saia da multidão e se torne discípulo, aproximando-se de Jesus. Tornando-se discípulo o jovem é capaz de estabelecer um diálogo entre o projeto do Reino e sua vida concreta.

> Esse é o maior tesouro que a Igreja tem a oferecer ao jovem: uma vida com sentido.

Encerrando nossa reflexão bíblica fica apenas uma pergunta: uma pergunta: quem são os apóstolos hoje? Eles são as lideranças responsáveis por continuar o projeto de Jesus e suas comunidades. Teologicamente, eles se perpetuam no episcopado. Os bispos são continuadores da tradição apostólica. Mas, metaforicamente, podemos dizer que todo aquele que assume sua missão de perpetuar o projeto de Jesus participa legitimamente do apostolado. Uma pastoral juvenil deve, pela vivência comunitária, levar o jovem a um amadurecimento, a assumir-se como discípulo e, posteriormente, como liderança comunitária e sujeito eclesial.

c. *Construindo a fé dos jovens*

> Uma coisa não pode mudar: o espírito de Jesus e sua missão.

Quando olhamos para a Palavra de Deus e, em especial, para os Evangelhos conseguimos perceber qual o caminho para a nossa ação pastoral. É claro que Jesus vivia em outro contexto e muita coisa mudou, mas uma coisa não pode mudar: o espírito de Jesus e sua missão. Vamos trazer aqui algumas inspirações para construirmos uma relação com a juventude que leve a uma evangelização mais eficiente.

O chamado de Jesus se dirige sempre à pessoa. Jesus chama Pedro e André (Mc 1,16-18) e Tiago e João (Mc 1,19-20) sempre pelo nome. Eles se tornam sujeitos de sua própria história. Um dos desafios da evangelização da juventude é possibilitar que eles tenham suas histórias motivadas pelo chamado de Jesus.

Mas há uma dinâmica intensa entre o pessoal e o comunitário. No livro dos Atos dos Apóstolos vemos que esses discípulos assumiram suas histórias de vida no compromisso comunitário e, o que é mais importante, no compromisso com o outro. Os jovens de hoje precisam ser motivados a assumirem-se como sujeitos na comunidade cristã e também na sociedade.

E de onde vem a motivação para o compromisso do jovem como sujeito? Do encontro com Jesus. Assim como Pedro foi capaz de perceber Jesus como o Cristo (Mc 8,31), os jovens são chamados a construir uma experiência íntima com o homem de Nazaré. Por isso é importante que o trabalho de evangelização dos jovens possibilite um encontro íntimo com Jesus e a construção da espiritualidade cristã.

> Os jovens são chamados a construir uma experiência íntima com o homem de Nazaré.

O Catecismo da Igreja Católica define a fé como "primeiramente uma adesão pessoal do homem a Deus [...]" (CIC 150). Assim, entendemos a fé como adesão humana ao projeto de Jesus. Assumir a fé é um movimento pessoal daquele que escolhe seguir Jesus e seu projeto. Podemos entender, então, que primeiramente a fé transforma a vida daquele que a assume, no nosso caso, dos jovens.

Contudo, não podemos confundir a fé que passa pelo indivíduo com a crença que fica somente nele. Isso é individualismo. A relação de fé é mais profunda. O Deus que transforma minha vida me leva a um compromisso com Ele e com os outros, despertando em mim o desejo de levar aos irmãos a mesma possibilidade.

Na relação com os outros encontramos a comunidade cristã. Ela se torna lugar privilegiado para que o encontro com Deus aconteça, para que o jovem assuma o seu compromisso de fé e para que vá ao encontro dos outros por meio das pastorais, ministérios e serviços da comunidade cristã.

Dois erros podem acontecer nesse processo de relação com a comunidade. O primeiro é o jovem ficar na fé individualizada. Isso cria uma relação equivocada com Deus. Pensamos que ele está totalmente a nosso favor e satisfazendo nossos interesses. O compromisso e projeto de vida dão lugar à religião de interesses momentâneos e egoístas. O segundo erro é envolvermos os jovens nos processos pastorais sem considerarmos que estes devem ser consequência da experiência pessoal com Jesus. Há, portanto, a possibilidade de o jovem cair no "tarefismo" pastoral.

A saída para esse dilema é a dinâmica entre o pessoal e o comunitário. As estruturas pastorais podem auxiliar na construção do sujeito cristão. Com o suporte da comunidade cristã, o jovem pode se construir e a ela oferecer os frutos desse processo. Na prática isso acontece quando o jovem, a partir de seu encontro com Deus, passa a desenvolver seu discipulado na comunidade.

Pistas de ação

1. O trabalho de pastoral juvenil da sua comunidade possibilita aos jovens sair da multidão para assumir a vida de discipulado? Como eles concretizam o discipulado no cotidiano da vida em comunidade?
2. Quais as melhores estratégias a serem adotadas para que o jovem sinta-se chamado a sair do lugar comum dos bancos da igreja para assumir um lugar de discípulo de Jesus?

3

POR UMA EVANGELIZAÇÃO COM A JUVENTUDE

A juventude talvez seja o grupo social que mais vivencia as mudanças e o choque entre as gerações. Diferentemente dos adultos, os jovens não têm como base as experiências passadas e por isso precisam dos adultos como referência e amparo para a transição da infância à vida adulta. Contudo, de forma alguma devem ser infantilizados. Devem ser respeitados em suas faculdades e competências e instruídos, mas não coagidos a escolhas e condutas.

O Documento de Aparecida (DAp 30-32) traz a definição da evangelização como a ação da Igreja que leva ao mundo a presença do próprio Jesus, que por sua vez não pode ser entendido senão no contexto de seu Reino. Mais que fortalecer as estruturas eclesiais (ser, segundo o DAp, uma paróquia de manutenção), a comunidade cristã é chamada a ser sinal de Jesus diante da sociedade, tornando-se presença da sua mensagem e do seu Reino (ser uma pastoral missionária).

Mas, diante dessa mudança de paradigma pastoral, muitas vezes a comunidade cristã e as lideranças comunitárias se veem sem saber como estabelecer novos métodos eficazes de trabalho pastoral, principalmente no que diz respeito à evangelização da juventude de *participação eventual*. As práticas pastorais oscilam entre o institucional, que tem como estratégia básica os antigos grupos de jovens, sejam eles de linha carismática ou da Pastoral da Juventude (PJ), e a religiosidade de evento, assumida pelos acampamentos da Canção Nova ou mesmo a JMJ ou outros eventos promovidos pela Igreja.

> **Os tempos atuais trazem a necessidade de uma personalização dos trabalhos pastorais.**

Os tempos atuais trazem a necessidade de uma personalização dos trabalhos pastorais, para que levem em consideração o momento histórico e a dinâmica vivida por cada cidade ou mesmo cada comunidade ou grupo juvenil. Uma característica que se torna cada vez mais constante é que a presença da Igreja se estabelece de maneira difusa e não mais central. A antiga praça da matriz dá lugar a templos que são construídos cada vez com menor visibilidade. Também nas estruturas pastorais somos chamados a trabalhos cada vez mais descentralizados, que atinjam os jovens em seu contexto.

Como capacitar os grupos juvenis para que sejam espaços coerentes com as práticas e ensinamentos cristãos? As lideranças devem ser formadas. O protagonismo juvenil não acontece sem uma sólida e sistemática formação – humana, social ou teológica.

> *O protagonismo juvenil não acontece sem uma sólida e sistemática formação – humana, social ou teológica.*

Sobre a formação cabem duas pequenas reflexões. Primeiramente, as dioceses e organismos eclesiais, como congregações religiosas, movimentos e serviços, precisam estar atentos às realidades locais. O trabalho com os jovens acontece no cotidiano e na convivência e as lideranças que trabalham com esses jovens precisam de formação. É mais fácil para os organismos e dioceses oferecerem formações em um âmbito mais global, cultivando, por exemplo, as escolas diocesanas de formação de lideranças juvenis ou semanas de formação de abrangência regional ou nacional. Assim, fica mais fácil o acesso a materiais, assessores e reflexões em âmbito nacional, e não se perde o contato com as comunidades e grupos locais.

A outra reflexão sobre a formação diz respeito à participação da pastoral juvenil na sociedade civil. Ela muitas vezes tem origem em movimentos sociais extraeclesiais, ou seja, movimentos ecumênicos, como a comunidade de Taizé, e sociais, como ONGs de cunho ecológico ou sociopolítico, que se mostram cada vez mais propícios para a criação da identidade juvenil, inclusive do jovem católico. Existem cursos – oferecidos por organismos sociais e mesmo universidades – sobre as realidades sociais nas quais os jovens estão inseridos que podem ser aproveitados para a formação das lideranças da pastoral juvenil.

O vínculo do jovem com a sociedade é importante. Se o jovem se sentir obrigado a optar entre a comunidade cristã e outro grupo social, provavelmente a comunidade cristã sairá em desvantagem por ter métodos pouco atrativos aos olhos dos jovens. Além disso, uma pastoral que assuma a postura de fechamento diante da sociedade se mostra pouco eficaz. A comunidade cristã é chamada a responder aos anseios e questões do jovem atual e não a incentivá-lo a se fechar como se a Igreja fosse um oásis ou um gueto. A vida plena – horizonte do trabalho pastoral – está na realização do ser humano que vive no mundo concreto. Assim, ser cristão se caracteriza muito mais por sua dimensão existencial que por uma adesão institucional.

O agente que acompanha a pastoral juvenil, seja ele jovem ou não, precisa cultivar a postura de empatia. Cultivamos a empatia por alguém quando nos colocamos em seu lugar, buscando entender o mundo a partir da sua perspectiva, entendendo suas motivações, frustrações e anseios. Essa postura de empatia é desenvolvida quando a liderança da pastoral juvenil acompanha a vida civil do jovem, conhece sua realidade escolar, familiar e social. Não se trata de ser um "entrão" ou questionador. Mas de assumir uma postura de interesse e participação.

Uma pastoral que queira atingir os jovens e dialogar com eles deve levar em conta a emergência da subjetividade e o anseio de participação da pessoa. O jovem quer, antes de tudo, fazer parte. Alguém que não se sente parte não se enxergará nos processos pastorais e estará sempre na zona da participação eventual. Além disso, é imprescindível estabelecer um diálogo entre a fé professada e a vida cotidiana. Os conteúdos doutrinários são por demais teóricos e sem sentido para o jovem de participação eventual. Se esses conteúdos não alcançam sua vida prática, ele os descarta.

> É imprescindível estabelecer um diálogo entre a fé professada e a vida cotidiana.

Faz-se necessário assumir novos métodos e novas linguagens na evangelização da juventude. No contato com os jovens, a pastoral é chamada a agir na perspectiva de uma evangelização que consiga dialogar com as diferentes circunstâncias culturais que se fazem presentes na vida dos jovens (DAp 100,d).

No âmbito comunitário, é necessário que as organizações saibam estabelecer um diálogo entre as estruturas eclesiais e os indivíduos que delas participam. A instituição deve buscar se sustentar, mas seus membros não podem ser anulados em função disso. Uma instituição voltada para seus membros só é possível quando seu serviço preza a construção da autonomia e da experiência subjetiva.

A comunidade que quer uma pastoral juvenil eficiente deve investir material humano e econômico. É preciso criar espaços de convivência. Pode ser um passeio no parque para um lanche, pode ser uma sessão de cinema na própria comunidade ou na casa de um dos jovens, mas deve ser também o encontro de formação, que para atrair os jovens precisa cultivar uma linguagem própria, utilizando elementos artísticos e que demandam investimento e participação da comunidade.

3.1. A FIGURA DO PAPA FRANCISCO E A CNBB

Ao falarmos do trabalho de evangelização da juventude nos últimos anos, somos chamados a falar também do Papa Francisco, que se mostra uma figura carismática e encantadora, atraindo uma parcela de juventude para o ambiente eclesial. Seu modo de ser e sua mentalidade parecem ter trazido um novo respiro à Igreja.

Um dos momentos mais expressivos de seu ainda breve trabalho foi a Jornada Mundial da Juventude, evento acontecido em 2013 no Rio de Janeiro. O grande número de participantes nas celebrações na praia de Copacabana mostrou a adesão dos jovens à sua figura. Mas aqui precisamos olhar para essa realidade sob outro viés. O Papa é também uma figura midiática. Para muitos jovens, a JMJ não passa de um grande evento, e para muitos cristãos o Papa é alguém simpático que diz o que, para eles, é importante.

Muitos são os momentos em que o Papa Francisco desafia os jovens a assumirem seu compromisso na Igreja. Há a exigência de que o jovem saia da posição de espectador para se tornar protagonista ou, segundo os termos que utilizamos aqui e que acompanham as reflexões do Documento 105 da CNBB, sujeito eclesial.

Mas a maior contribuição de Francisco para o nosso trabalho pastoral, até o momento, é a encíclica *Evangelii Gaudium*, na qual o Papa traz a alegria como característica do seguimento de Jesus. Essa alegria, que se faz presente na figura de Francisco, alcança muitos jovens, não apenas aqueles que estão na Igreja (que identificamos como jovens religiosos), mas também aqueles de participação eventual.

Francisco se transformou em figura simpática e midiática que já inspira uma postura de santidade devido às suas iniciativas de acolhida daqueles que o procuram. Em sua relação com a juventude, vemos que o Papa consegue cativá-la por falar ao mesmo tempo com ímpeto e ternura.

O carisma de Francisco ainda não se concretizou em mudanças efetivas nas estruturas eclesiais, muitas vezes pouco acolhedoras e eficazes. Reformar as metodologias do trabalho de evangelização e da comunicação com a juventude também se faz necessário e o Sínodo sobre a juventude é um momento privilegiado para que isso aconteça.

A *Evangelii Gaudium*, além de trazer a alegria do Evangelho como parâmetro da vida cristã, trata dos métodos de evangelização. Ao propor a imagem de uma Igreja "em saída" (EG 20-24), o texto nos impele a sermos uma Igreja que sai ao encontro do mundo. Muitos jovens não participam efetivamente das

> O jovem é mais seduzido pelas convicções que pode construir a partir do encontro com Jesus.

estruturas comunitárias. Ir ao encontro de tantos que também podem experienciar a alegria do Evangelho faz parte da missão da Igreja (cf. Mt 28,19-20).

Ao oferecermos ao jovem uma Igreja alegre e que vai ao encontro de sua vida concreta, podemos criar ambientes de convivência e, consequentemente, uma relação de empatia. O jovem é mais seduzido pelas convicções que pode construir a partir do encontro com Jesus do que pelas teorias da doutrina. Por isso, a doutrina deve estar presente na evangelização dos jovens, mas em segundo plano. O anúncio querigmático, ou seja, o anúncio do próprio Jesus, traz consigo um forte poder de sedução aos jovens que buscam referenciais para sua vida.

O objetivo da pastoral juvenil é criar espaços para que, sem moralismos e julgamentos, os jovens elaborem projetos de construção humana que aconteçam comunitariamente. Buscaremos trazer algumas inspirações de como esses projetos de evangelização podem acontecer, lembrando sempre que eles se concretizam de maneira diferente em cada comunidade e que não há "receitas", mas pistas e inquietações.

Pistas de ação

1. Os trabalhos de evangelização juvenil de sua comunidade são trabalhos *com* a juventude ou *para* a juventude?
2. Os planejamentos e organizações comunitárias favorecem o trabalho da pastoral juvenil?
3. O Papa Francisco pede uma "Igreja em saída". Os jovens de sua comunidade se relacionam com a sociedade que os cerca? Quais são as iniciativas de trabalho dos jovens com aqueles que estão fora da Igreja?
4. Os jovens se sentem protagonistas na comunidade ou pelo menos são incentivados a assumir este papel?

4

INQUIETAÇÕES PASTORAIS

O Papa Francisco identifica a evangelização com a atitude de alegria (EG 1). Uma evangelização da juventude – ou, melhor ainda, com a juventude – não deve prescindir da intenção de construir uma atitude de alegria. O jovem é costumeiramente identificado como aquele que traz consigo a capacidade de viver e irradiar a alegria do Evangelho. Uma pastoral que tenha a perspectiva de cultivar a alegria do Evangelho que já está presente no jovem é chamada a assumir novos métodos pastorais.

A pastoral enquanto prática da Igreja existe desde o período apostólico. A ação eclesial, por concepção, tem como objetivo o serviço prestado aos seus fiéis e à sociedade. O trabalho com a juventude é apenas uma situação específica em que o trabalho da Igreja deve acontecer, mas não muda a natureza deste trabalho.

O objetivo da evangelização no contato com a juventude é o mesmo da evangelização de qualquer outro grupo: possibilitar o contato com a pessoa de Jesus e sua Boa Notícia. O que muda no contato com os jovens são os métodos pastorais para que o contato com Jesus e seu Evangelho aconteça. O jovem tem um jeito próprio de ser e isso deve ser considerado para que tenhamos eficiência e eficácia em nosso trabalho pastoral.

> O jovem tem um jeito próprio de ser e isso deve ser considerado para que tenhamos eficiência e eficácia em nosso trabalho pastoral.

Há organismos, sejam eles paroquiais, diocesanos ou nacionais, que pensam o trabalho com a juventude. Muitos estão ligados ao *Setor Juventude*, organismo da CNBB que pensa a evangelização da juventude. Teoricamente, eles são impulsionados por trabalhos já existentes e querem oferecer diretrizes para que os trabalhos com a juventude tenham eficácia. Como este trabalho não está dissociado dos trabalhos propostos pelos organismos católicos, assumiremos os parâmetros colocados pelo Papa Francisco na *Evangelii Gaudium*, que conclama uma Igreja alegre e "em saída", e pelo Documento 105 da CNBB, *Cristãos leigos e leigas na Igreja e na sociedade*, que pede uma pastoral de formação de sujeitos eclesiais.

> *O encontro com Jesus faz do cristão alguém repleto de alegria.*

A *Evangelii Gaudium* nos traz a inspiração de uma ação pastoral relacionada à tentativa constante da Igreja de sair de si mesma, de ir em direção ao outro. Retomando a história da salvação, que é repleta de personagens que se colocam "em saída", o Papa Francisco diz que essa postura se identifica com a missão da Igreja (EG 20). O encontro com Jesus faz do cristão alguém repleto de alegria. Levar essa alegria aos outros ou construir relações de alegria é missão do discípulo que é impulsionado a ser missionário (EG 21).

O Documento 105 da CNBB nos impele à construção de um sujeito eclesial. Os leigos são chamados a assumir a postura da Igreja em saída, inspirados pela prática do Evangelho. Olhando para os jovens vemos a possibilidade da construção de cristãos que buscam ser sal e luz na realidade em que vivem.

O jovem é capaz de construir-se como testemunha do Evangelho de Jesus, não necessariamente pelo que fala, mas pela atitude que assume. Há uma famosa frase, que costuma ser atribuída a São Francisco de Assis, que diz "anuncie o Evangelho sempre e, quando for preciso, utilize as palavras". Nesse entendimento, anunciamos o Evangelho pelo nosso modo de ser. A construção de um sujeito eclesial só acontece quando possibilitamos aos nossos jovens serem pessoas maduras na fé.

A construção da maturidade cristã está diretamente ligada à construção do discipulado. Mas como possibilitar o amadurecimento na fé se o único contato que o jovem tem com a Igreja é a participação eventual? Essa participação se caracterizaria como uma prestação de serviço que acontece, sobretudo, nas celebrações litúrgicas. Querer que esses jovens convertam sua participação em adesão institucional pode ser um método de pouca eficácia ou durabilidade. Muitas vezes aqueles que trabalham com a juventude se limitam a fazer convites genéricos ao final das missas para que os jovens participem de alguma atividade da comunidade. Esses convites não tiram os jovens do anonimato.

Nas *Diretrizes Gerais para a Ação Evangelizadora da Igreja no Brasil* (DGAE) para os anos 2015-2019, a CNBB coloca como perspectiva para a ação evangelizadora uma Igreja a serviço da vida plena para todos. A juventude é contemplada nas perspectivas eclesiais destes anos (DGAE 113). Primeiramente, as diretrizes apontam para a necessidade de uma maior atenção da comunidade eclesial aos jovens que estão em situação de risco, sendo vítimas das drogas, do abuso sexual ou mesmo da exploração do mundo do trabalho. O documento afirma, também, que é preciso atenção aos trabalhos de pastoral juvenil. Mas não há maiores instruções, cabendo às instâncias eclesiais que abordam o trabalho com a juventude pensar o trabalho com a pastoral juvenil. Essas instâncias são o Setor Juventude da CNBB, dos Regionais da CNBB e das organizações diocesanas e paroquiais.

Se temos as instruções de uma Igreja em saída, da criação de discípulos missionários e da construção de sujeitos eclesiais, não temos, contudo, muitas instruções de como colocá-las em prática no cotidiano pastoral de nossas comunidades.

Os trabalhos juvenis que apresentam maior eficiência estão ligados à pastoral de massa, à internet ou televisão, e, consequentemente, menos à comunidade e mais ao indivíduo. Não podemos pensar o indivíduo isoladamente. A organização básica da Igreja é comunitária, mas, nos últimos tempos, nos deparamos com um comportamento que é sintomático. Há muito não se fala, se canta ou se prega a comunidade.

O centro de grande parcela da religiosidade está no eu. Basta ver a quantidade de canções com mensagens intimistas que falam da ação de Deus que transforma a vida da pessoa. Bíblica e teologicamente, toda a prática evangelizadora está centrada na pessoa humana e assim deve ser: ou o Evangelho transforma a vida da pessoa ou não houve experiência evangélica. Mas ter a pessoa como centro não deve ser confundido com o egocentrismo de uma ação evangelizadora que nada mais faz que satisfazer os desejos imaturos daqueles que querem que Deus faça – continuamente – suas vontades. Essas pessoas não conseguem, em nenhum momento, se voltar para o outro, não conseguem perceber que a experiência evangelizadora acontece no encontro entre os irmãos.

Os jovens trazem suas inspirações, angústias, indagações, enfim, suas histórias. Uma pastoral juvenil que busca ser eficaz deve criar ambientes para que o jovem de participação eventual saia do anonimato e seja um integrante da comunidade. O evento pode até ser um instrumento para que esse jovem frequente o ambiente comunitário, mas nunca pode ser o fim do processo de evangelização juvenil.

Uma pastoral juvenil que tenha como fim a realização de eventos não percebe que não cria vínculo entre os jovens e a comunidade – ou nem mesmo cria uma comunidade. No evento, as pessoas são anônimas; na comunidade, elas são conhecidas. No evento, elas assistem; na comunidade, elas participam. Elas chegam ao evento para dele participar e vão embora para suas casas quando o evento termina. Na comunidade há envolvimento nos processos. Enfim, na comunidade há vínculo.

Para que uma pastoral juvenil consiga eficiência em trazer os jovens da participação eventual para a postura de sujeitos eclesiais, propomos que ela assuma três atitudes: uma postura de acolhida, um trabalho menos de massa e mais focado em pequenos grupos e a busca pela construção de um sujeito autônomo.

4.1. CONSTRUÇÃO DE SUJEITOS ECLESIAIS

A pastoral juvenil é chamada a construir o jovem como um sujeito eclesial. Mas o que é ser sujeito eclesial? Na verdade, esse é um conceito que os documentos da Igreja emprestam da sociologia e que muito nos ajuda a entender como pode ser o trabalho de evangelização juvenil se quiser ser eficiente e eficaz.

Na sociologia temos três tipos de integrantes sociais. Primeiramente, há o indivíduo. Ele se refere à pessoa isoladamente, fora do convívio com os outros. O indivíduo é aquele que não cultiva as relações sociais. Ele não traz consciência de si como membro da sociedade. Esse indivíduo acredita que se constrói no consumo (cf. LIPOVETSKY, 2007). Assim, ele é conforme consome. As pessoas individualistas são aquelas que pensam que são mais gente à medida que conseguem comprar bens de consumo.

Outro tipo, segundo o sociólogo Alain Touraine (2003), é o sujeito que tem consciência de si e apresenta o desejo de atuar socialmente. Este o sujeito traz o desejo de interagir socialmente, construindo a sociedade.

Finalmente, o terceiro tipo é o ator social, aquele que atua socialmente. Para muitos sociólogos o único modo de agir socialmente é pela participação em movimentos sociais, visto que um único indivíduo tem pouca chance de influenciar a sociedade.

Mas que relação as ideias sociológicas têm com o sujeito eclesial? A lógica é a mesma. Vimos que nos Evangelhos há três tipos de seguidores de Jesus: a multidão, os discípulos e os apóstolos. A multidão é como o indivíduo, pensa que o importante é satisfazer suas necessidades. Os apóstolos são como os atores sociais, são lideranças que guiam as estruturas comunitárias.

Já o sujeito é como o discípulo. Ele tem consciência do seu papel na sociedade. O sujeito eclesial é aquele que tem consciência do seu papel dentro da comunidade cristã. Quando assumimos que o trabalho com a juventude tem como critério a construção de sujeitos eclesiais, assumimos a postura do jovem como um participante ativo e pensante dentro da comunidade. Sendo assim, ele é chamado a participar dos ministérios, conselhos comunitários, carismas e serviços, coordenações pastorais, e também é chamado a exercer seu papel de liderança.

Muitas vezes escutamos que os jovens são o futuro da Igreja. Quando assumimos o critério pastoral de construir o jovem como sujeito eclesial, assumimos que ele é também o presente da Igreja e deve fazer parte da comunidade cristã. Mas o processo da construção do jovem como sujeito eclesial não é simples, pois precisa do empenho e organização da comunidade e de suas lideranças.

4.2. POSTURA DE ACOLHIDA

Para que a comunidade possibilite um ambiente para o jovem se construir como sujeito eclesial, primeiramente, é necessária uma postura de acolhida. Muito se fala de acolhida, mas poucas são as iniciativas eficazes. É comum acreditarmos que a pastoral da acolhida é responsável por entregar folhetos na porta das igrejas e dizer às pessoas "sejam bem-vindas". A acolhida deve ser entendida como uma postura de integração do jovem à comunidade. Ninguém se sente acolhido se não for levado em conta. Também podemos entender a acolhida como uma consequência da empatia para com os jovens. É essa empatia que cria na juventude uma disposição à vida eclesial.

> A acolhida deve ser entendida como uma postura de integração do jovem à comunidade.

A maior dificuldade para que aconteça a acolhida dos jovens é a falta de espaços de integração. O jovem não quer apenas ser doutrinado. Ele não é contra a doutrina, pode ser cativado por ela e acolhê-la. Critérios doutrinais são importantes, mas o jovem quer ser parte de um processo de evangelização. Sua realidade não pode simplesmente ser julgada. Mais que entender o que a Igreja pensa, o jovem quer ser ouvido pela comunidade.

A pastoral juvenil é chamada a se organizar de forma a educar para o discipulado, superando um trabalho catequético voltado à doutrinação (DAp 129ss.). O seguimento de Jesus está em sentir-se parte de sua Igreja e, consequentemente, fazer-se presença de sua Boa Nova que anuncia a vida em plenitude (cf. Jo 10,10). Na relação com o Mestre, o jovem assume o caminho do discipulado e não o da multidão. Ele deve sair do anonimato para assumir sua vocação de discípulo (DAp 143ss.).

> O jovem não quer apenas ser doutrinado. Ele não é contra a doutrina, pode ser cativado por ela e acolhê-la.

A ação evangelizadora que busca acolher o jovem deve ter em vista sua construção como sujeito eclesial. Nesta concepção pastoral encontramos certa mudança paradigmática. Mais que constituir uma Igreja com seus organismos e estruturas, a pastoral voltada à juventude quer se tornar espaço propício para que o jovem se constitua como um membro da comunidade. Superando a postura de indivíduo, o jovem será atendido pelos planejamentos e atividades pastorais da Igreja quando assumir-se como sujeito ativo do processo de evangelização.

A evangelização juvenil, para atingir eficácia, pode lançar mão de um trabalho que busque constituir o jovem em sua autonomia. Isso requer um trabalho quase personalizado, que busque acompanhar cada indivíduo, entendendo suas aspirações e necessidades, buscando orientá-lo ao mesmo tempo em que busca ouvi-lo. Isso só é possível se a pastoral for capaz de criar espaços onde o jovem possa se construir enquanto sujeito, se identificando, assim, com o ambiente eclesial.

Se tivermos como referência as estruturas eclesiais, ou a reflexão teológico-pastoral, a ação evangelizadora da juventude deve estar voltada para a construção do Reino. Trazendo a reflexão da *Lumen Gentium*, podemos entender que a evangelização juvenil é reinocêntrica, uma iniciativa que busca a salvação do sujeito e não a manutenção institucional e eclesial.

> *Os jovens precisam de mediador entre as ideias que têm e a realidade que vivem.*

A salvação e a ação reinocêntrica se concretizarão como auxílio para que o jovem descubra o sentido para sua existência (GS 41). Os trabalhos de grupo de jovens se tornam espaço privilegiado para que essa ação aconteça. Espaços de acolhida e orientação que têm como método uma construção dialógica, que permite aos jovens partilhar suas angústias, anseios e realizações (GS 1), são de grande valia para a construção de cristãos autônomos e sujeitos de sua própria história.

Parte importante desse processo são as instâncias de mediação. Os jovens vivem inquietações e precisam de alguém que faça o papel de mediador entre as ideias que têm e a realidade que vivem. Mas, infelizmente, as comunidades fazem pouco uso de espaços para integrá-los. Ilustra essa falta de espaço a quantidade de jovens que buscam orientação dos padres, em momentos de confissão, para falarem de suas inquietações sexuais. Geralmente essas inquietações estão carregadas do sentimento de culpa e do peso do pecado que os impede de enxergar seu momento com maior tranquilidade. Muitos jovens criam aversão a qualquer forma de prazer, comportamento este, com traços de psicopatologias. A mediação não é julgamento. Ela é fruto de uma postura de acolhida e da lucidez de quem consegue olhar para a vida do jovem, a exemplo de Jesus, com olhar de ternura e compaixão.

> *O jovem necessita de interação e instrução.*

Um trabalho juvenil, para alcançar eficiência e eficácia, precisa proporcionar o convívio em pequenos grupos. O jovem necessita de interação e instrução. E isso não acontece na massa.

4.3. FRENTE À PASTORAL DA MASSIFICAÇÃO

Além da postura de acolhida, é necessário tratar o jovem como membro da comunidade. Não há membro no anonimato. Por isso, é preciso que o jovem saia da multidão (como vimos no Evangelho de Mateus) que massifica, transformando o jovem em um anônimo.

A massificação é característica predominante quando falamos do trabalho evangelizador com a juventude. Isso é facilmente percebido quando nos deparamos com grandes eventos ou mesmo com os trabalhos religiosos midiáticos que acabam servindo de parâmetro para o trabalho juvenil das comunidades paroquiais. A prática religiosa tem no evento sua base de ação. No evento, o envolvimento dá lugar à diversão, a adesão comunitária dá espaço à satisfação pessoal.

O evento como proposta única de evangelização cria cristãos consumidores de religião e não sujeitos religiosos. O consumidor não quer um compromisso com os trabalhos religiosos ou os organismos comunitários. Seu compromisso está com a sua satisfação. Sua relação com a religião se estabelece nas mesmas bases do consumo. A comunidade passa a ser uma prestadora de serviços. É como se o jovem fosse a um supermercado comprar um produto ou a um cinema assistir a um filme ou a um show de sua banda favorita.

Como prestadora de serviços, a comunidade eclesial assume a característica institucional de oferecer ao consumidor o contato com o produto oferecido, no caso da religião, rezar. Muitas comunidades gastam suas energias pastorais no preparo de grandes eventos para a juventude, ficam satisfeitas com a participação de um número expressivo de jovens, mas, terminado o evento, eles voltam para casa com o mesmo anonimato que tinham ao entrarem.

Se pensarmos numa Igreja que assuma a postura de abolir os eventos, criaremos trabalhos estressantes que lutam contra a maré de maneira pouco inteligente. Isso porque, independentemente do tamanho, o evento se tornou o *modus operandi* do trabalho juvenil católico – talvez influenciado pelos modelos evangélicos que não obedecem à lógica sacramental.

Também é necessário dizer que o evento tem sua importância. Geralmente ele é divertido e traz a linguagem do jovem. Por isso mesmo ele tem a capacidade de atrair a juventude para a participação eclesial, além de ser um momento celebrativo no qual o jovem se encontra com outros e celebra a sua fé. Mas o evento não pode ser o centro do trabalho da pastoral juvenil. Ele é um meio para se chegar à participação comunitária.

> *Cada comunidade deve encontrar seu modo de agir.*

É preciso encontrar nessas estruturas as brechas necessárias para trabalhar a identidade do jovem como sujeito. Para isso não há uma fórmula. O caminho se faz caminhando. Cada comunidade deve encontrar seu modo de agir e deve ter consciência de que qualquer projeto de ação pastoral juvenil é transitório e vulnerável. Os jovens se transformam rapidamente e qualquer prática que se cristalize se torna rapidamente ultrapassada.

Em contraponto à pastoral da massificação temos a pastoral comunitária. A juventude gosta de se reunir em grupos. A busca pela constituição de sua identidade faz com que ela forme pequenas comunidades. Muitas vezes esta comunidade pode acontecer no ambiente cibernético ou a ele se estender. É muito comum os jovens se relacionarem por redes sociais. Uma pastoral juvenil pode fazer uso das redes de contato ou dos grupos sociais como espaço privilegiado para a evangelização. Neles os jovens podem se expressar e ouvir experiências que auxiliam na constituição da identidade juvenil.

5

ALGUMAS PISTAS

Como já dissemos, não há um caminho pronto para o trabalho de evangelização da juventude. O caminho se faz caminhando. Cada jovem tem anseios e uma história própria. Também as comunidades não são iguais. Uma paróquia urbana de uma grande metrópole tem um jovem com perfil diferente daquele de uma paróquia rural, por exemplo. Por isso uma estratégia ou trabalho pastoral que dá certo em um contexto pode não ser o melhor para outro. Mas três características são comuns a qualquer trabalho juvenil que tenha como perspectiva o jovem como sujeito eclesial: a construção de um jovem autônomo e maduro na fé, a construção de grupos de vivência e a construção de um sujeito social.

O jovem deve ser construído como sujeito autônomo. E não podemos confundir autonomia com arbitrariedade. É arbitrário aquele que faz as coisas do jeito que quiser, à revelia e sem compromisso. Autônomo é aquele que amadureceu a vivência cristã e por isso a internalizou. O jovem autônomo não faz algo "só porque está na lei". Ele faz aquilo que é importante por consequência de sua experiência com Jesus e o Evangelho. Em outras palavras, a pastoral juvenil que busca construir sujeitos eclesiais busca construir um jovem maduro em sua fé.

> A pastoral juvenil que busca construir sujeitos eclesiais busca construir um jovem maduro em sua fé.

Para construir jovens maduros é necessário criar espaços de estudo. Iniciativas como escolas diocesanas de formação para a juventude são espaços privilegiados. Elas trabalham temáticas juvenis ou outras temáticas em uma perspectiva juvenil. O jovem é convidado a pensar sobre sua vida de afetividade e sexualidade, sobre sua família, amizades, vida escolar, profissional ou social, além de construir um olhar maduro sobre os problemas sociais que impactam diretamente sua vida. O incentivo à formação é importante. A participação dos jovens em escolas diocesanas de teologia para leigos leva o jovem a amadurecer a sua fé.

Muitas vezes a comunidade eclesial diz que o jovem é o futuro da Igreja. Essa ideia impede que o jovem assuma funções imediatas na comunidade. Por que não podemos ter jovens catequistas, agentes de pastoral ou mesmo exercendo ministérios leigos? Com a desculpa de que os jovens não estão preparados, impedimos sua participação. É claro que o jovem precisa ser acompanhado e aconselhado. Mas todos podemos errar, inclusive os jovens.

> *O jovem precisa de espaços de convivência onde possa ouvir e ser ouvido.*

Os grupos de vivência, ou de convivência, são importantes na construção da autonomia e maturidade juvenil. O jovem precisa de espaços de convivência onde possa ouvir e ser ouvido. Esses espaços levam à maturidade, pois, partilhando sua vida e expectativas, o jovem se torna capaz de se entender como ser humano e ser comunitário.

Vimos que o sujeito autônomo é aquele que adquiriu a maturidade cristã como consequência de um processo vocacional. A autonomia e a maturidade cristã podem ser construídas a partir dos espaços de vivência e convivência. Os grupos de jovens são um ótimo ambiente de convivência. Quando uma temática é discutida pelos jovens, eles constroem opinião e conhecimento sobre a sua vida, a comunidade e a sociedade onde vivem. Retiros espirituais que busquem se adequar à linguagem juvenil também são espaços privilegiados para que o jovem se conheça. Os retiros são ocasiões de encontros com Deus e do jovem consigo mesmo, o que também leva à maturidade.

> *Os jovens são repletos de ideais e isso não deve ser descartado.*

Por fim, o trabalho juvenil não **pode se separar da vivência social**. O ser humano é um ser social. Isso significa que ele vive em constantes relações. A vida cristã segue esse mesmo critério. A vivência do Evangelho nos leva ao encontro do outro. No caso do jovem, o outro que está na comunidade, mas também o outro que está na sociedade. Os jovens são repletos de ideais e isso não deve ser descartado. Pelo contrário, os ideais juvenis de uma sociedade melhor estão intimamente relacionados com a realização do jovem como sujeito eclesial e social.

Se os jovens passam por profundas e importantes decisões, como a escolha de uma profissão, o peso de um vestibular ou do mercado de trabalho e o injusto fardo do desemprego por não ter qualificação profissional ou experiência, os ambientes comunitários precisam tratar dessas questões. O encontro com Jesus muda a vida concreta das pessoas. Por isso a vivência comunitária deve também mudar a vida concreta dos jovens. Mesmo que não consigamos resolver suas questões, ajudaremos esses jovens a construir uma nova atitude diante da vida.

Ao elucidar a função do leigo na Igreja e no mundo, o Concílio Vaticano II diz que cada leigo deve ser, individualmente, uma testemunha perante o mundo (LG 38). O jovem – como leigo – é também chamado a ser testemunha. Ora, se essa é uma ação individual, os mecanismos de evangelização da juventude devem se ocupar de tirar este jovem do lugar comum, da pastoral da massificação e torná-lo sujeito social e eclesial. Uma pastoral de massificação não consegue senão indivíduos que sigam normas. Como é inviável a instrução individual, a construção de um sujeito religioso, autônomo e capaz de enxergar sua vida à luz dos ensinamentos cristãos é caminho imprescindível.

Pistas de ação

Vimos que para construir jovens autônomos são necessárias a acolhida, a convivência e a construção da maturidade juvenil.

1. Há, na pastoral juvenil de sua comunidade, ambientes e espaços para a convivência dos/com os jovens que possibilitem a construção de relações de amizade e companheirismo?
2. A evangelização juvenil visa a construção da maturidade dos jovens? Quais as estratégias utilizadas?

CONCLUSÃO

Muitos desafios, poucas fórmulas...

De tudo que trouxemos em nossa reflexão, fica a certeza de que o trabalho juvenil deve ter como base o intenso diálogo com os jovens. Essa foi a postura de Jesus em relação àqueles com quem viveu e deve ser também a nossa postura ao assumirmos um trabalho de evangelização juvenil.

> O jovem, ao assumir seu papel na comunidade, se torna capaz de ser sinal da alegria de Deus.

Ao assumirmos a postura de diálogo, conseguiremos sentir as dores, as alegrias e as angústias desses jovens e, consequentemente, estaremos mais atentos e preparados para pensarmos métodos e estratégias de trabalho. E esse diálogo com os jovens deve ser repleto da alegria do Evangelho. A pastoral juvenil não combina com tristeza. O jovem, ao assumir seu papel na comunidade, se torna capaz de ser sinal da alegria de Deus.

Não há uma fórmula que sirva para todos ou uma receita que possa ser seguida. Com os jovens, o caminho se faz caminhando. É preciso assumir a perspectiva de Jesus, que convidada cada indivíduo a sair da multidão para se tornar discípulo. Como Jesus, queremos trabalhar com a juventude de participação eventual para tirar cada jovem do anonimato e, conhecendo seu nome, seu rosto e sua história, transformá-lo em um sujeito eclesial. Por isso, também a pastoral juvenil é chamada a construir espaços para que o jovem saia do anonimato e partilhe sua história, suas angústias e expectativas. Somente assim ele se construirá como sujeito eclesial e cristão maduro na fé.

REFERÊNCIAS

CAPÍTULO I

AGUIAR, Leonel Azevedo de. Maio de 68: novas subjetividades, micropolíticas e relações de poder. **Recôncavos** (UFRB). Salvador, Ano 2, Vol 1, p. 13-25, 2008.

ANGRA DO Ó, Alarcon. A cultura é a inversão da vida. Velhice, juventude e política nos idos do maio de 1968. **Espaço Acadêmico** (UEM). Maringá, Ano IX, n. 98, p. 22-27, Julho de 2009.

ARIÈS, Philippe. **História Social da Criança e da Família**. 2a Edição. Rio de Janeiro: LTC, 1981.

BOMBONATTI, Pedro. Motorola anuncia resultado de pesquisa. **MobilePedia**. 13 de Outubro de 2008. Disponível em <http://www.mobilepedia.com.br/prod/ 2008/10/13/motorola-anuncia-resultado-de-pesquisa>. Acesso em 01 de Julho de 2009.

Discurso do Papa Francisco na JMJ Rio Janeiro. Edições CNBB 2013.

CONFERÊNCIA NACIONAL DOS BISPOS DO BRASIL. **Evangelização da Juventude. Desafios e Perspectivas Pastorais.** São Paulo: Paulinas, 2007. (Documentos da CNBB, 85)

_____. Diretrizes para a formação dos presbíteros da Igreja no Brasil. São Paulo: Paulinas, 2010. (Documentos da CNBB, 93)

_____. Cristãos leigos e leigas na igreja e na sociedade. São Paulo: Paulinas, 2016. (Documentos da CNBB, 105)

_____. Pastoral juvenil no Brasil: identidade e horizontes. Brasilia: Edições CNBB, 2013. (Estudos da CNBB,103).

_____. **Campanha da Fraternidade 2013: Fraternidade e Juventude. Texto Base.** Brasília: Edições CNBB, 2012.

CORAZZA, Sandra Mara. **Infância e Educação – Era uma vez – quer que conte outra vez?** Petrópolis: Vozes, 2002.

DELEUZE, Gilles. **Conversações 1972 - 1990.** São Paulo: Editora 34, 1992.

ESPERANDIO, Mary Rute Gomes. **Para entender a pós-modernidade.** São Leopoldo: Sinodal, 2007.

GAUDIUM ET SPES, **Constituição Pastoral**. In: Compêndio do Concílio Vaticano II: Constituições, Decretos e Declarações. Petrópolis: Vozes, 1968.

HAIS, Michael D.; WINOGRAD, Morley. **Millennial Makeover.** *MySpace, YouTube, and the Future of American Politics.* New Brunswick, NJ: Rutgers University Press, 2008.

KRAUSKOPF, Dina. **Desafíos em la construcción e implementación de las políticas de juventud em América Latina**. Buenos Aires: Revista Nueva Sociedad, Nov-Dic, 2005, 141- 153.

MAFFESOLI, Michel. Entrevista feita por SANTOS, C. **Maffesoli e a feminização do mundo**. Disponível em <http://www.clicrbs.com.br/especial/br/vidafeminina/19,0, 2559403, Maffesoli-e-a-feminizacao-do-mundo.html>. Assessado em 27 de Junho de 2009.

NOVAES, Regina Reyes, et al. **Sociedades sul-americanas: o que dizem jovens e adultos sobre as juventudes.** (S.L): Instituto Brasileiro de Análises Sociais e Econômicas; Instituto de Estudos, Formação e Assessoria em Políticas Sociais, 2009. Disponível em <http://www.ibase.br/userimages/Libro%20Sociedades% 20Final1.pdf>. Acesso em 01 de Julho de 2009.

PAPA FRANCISCO. **Pronunciamentos do Papa Francisco no Brasil**. São Paulo: Paulus e Edições Loyola, 2013.

PRADO, Antonio Ramos. **Estudo de Representações, Valores, Normas e estilos dos jovens da Cultura EMO.** Universidade Salesiana Equador. Fevereiro de 2012.

SAVAGE, Jon. **A criação da juventude: como o conceito de teenage revolucionou o século XX.** Tradução: Talita M. Rodrigues. Rio de Janeiro: Rocco, 2009.

SOLIDARITY. **Paris: maio de 68.** Tradução: Leo Vinicius. São Paulo: Conrad, 2008. Coleção Baderna.

VIRNO, Paolo. **Gramática da multidão. Para uma análise das formas de vida contemporâneas.** Tradução: Leonardo Palma RETAMOSO. Santa Maria: s. ed., 2003. Disponível em <http://api.ning.com/files/WEhh*WfqWwJnfrxX0t6XxXPIiFIRblb-JSWxRuVovhbRbroYNoIA1Nowb2RVc7M0BpxXQ-vvFgN3ewEzZu8w1b2hW1ThR WjQ/GRAMTICADAMULTIDO.pdf >. Acessado em 20 de dezembro de 2008.

Internet: https://olhardigital.com.br/noticia/cresce-numero-de-jovens-que-praticam-ciberbullying-contra-eles-mesmos/72454

CAPÍTULO II

CENCINI, Amedeo. Luz no caminho: Palavra de Deus e caminho vocacional. Paulinas, 2009. Porto – Portugal.

_____. Reencontrar o mistério: Itinerário formativo para a decisão vocacional. Paulinas, 2009. Porto – Portugal

_____. Quando Deus chama: a consagração – aposta e desafio para os jovens de hoje. Paulinas, 2009. Porto Portugal

_____. A cruz, verdade da vida: Busca vocacional e experiência da cruz. Paulinas, 2009. Porto – Portugal

_____. A Hora de Deus: a crise na vida cristã. Paulus, 2011, São Paulo

CIGOÑA, J. Ramon F. de la, SJ. Acompanhamento vocacional: Um caminho. 4. Ed. Loyola. 2002, São Paulo.

DERETTI, Edson Adolfo. Ide, fazei discípulos meus! Encontros vocacionais. Paulinas, 2010, São Paulo

DOMINGUES, Luis Maria Garcia. Discernir o chamado: A avaliação vocacional. Paulus, 2010. São Paulo

FRANLL, Viktor E. Em busca de sentido. Vozes. 35. Ed. 2014, São Paulo.

GEORGES, Bertrand. Fazer boas escolhas no momento certo: Discernir, escolher, decidir no Espírito Santo. Paulinas, 2005. São Paulo.

OLIVEIRA, José Lisboa Moreira, SDV. Teologia da Vocação. IPV, 1999, São Paulo.

RUPNIK, Marko Ivan. O discernimento. Paulinas, 2012. São Paulo.

SILVA, Elias. Vem e Segue-me: Encontros Vocacionais Catequéticos para turmas de Crisma. IPV. 2017, São Paulo.

_____. Vem e Segue-me: Encontros Vocacionais Catequéticos para turmas de Eucaristia. IPV. 2017, São Paulo.

SÍNODO DOS BISPOS. *Documento Preparatório:* Os jovens, a fé e o discernimento vocacional. Roma, 13 de janeiro de 2017. Disponível em: <http://www.vatican.va/roman_curia/synod/documents/rc_synod_doc_20170113_documento-preparatorio-xv_po.html>. Acesso em: 05 de nov. de 2017.

CAPÍTULO III

BENTO XVI. *Verbum Domini*. Disponível em: <http://www.vatican.va/holy_father/benedict_xvi/apost_exhortations/documents/hf_ben-xvi_exh_20100930_verbum-domini_po.html>. Acesso em: 21 de mai. de 2013.

_____. *Redes sociais*: portais de verdade e de fé; novos espaços de evangelização. Mensagem para o 47º Dia Mundial das Comunicações Sociais. Roma, 2013. Disponível em: <https://w2.vatican.va/content/benedict-xvi/pt/messages/communications/documents/hf_ben-xvi_mes_20130124_47th-world-communications-day.html>. Acesso em: 16 de nov. de 2017

ESQUERDA, Juan Bifet. *Misionología*: evangelizar em um mundo global. Madrid: Biblioteca de Autores Cristianos, 2008.

FARIAS, Vinicius. *Conectados para o Encontro*: 10 passos para evangelizar nas redes sociais. São Paulo: Paulinas, 2015.

FRANCISCO. *Discurso do Papa Francisco a jesuítas poloneses*. 2016. Disponível em: <http://www.ihu.unisinos.br/559364-papa-francisco-a-jesuitas-poloneses-nem-tudo-e-preto-no--branco>. Acesso em: 01 de nov. de 2017.

_____. *Discurso do Papa Francisco aos participantes na Plenária do Pontifício Conselho para a Promoção da Nova Evangelização*. Roma, 2015. Disponível em: <http://w2.vatican.va/content/francesco/pt/speeches/2015/may/documents/papa-francesco_20150529_nuova-evangelizzazione.pdf>. Acesso em: 03 de nov. de 2017.

_____. SPADARO, Antonio. *A Verdade é um encontro*: Homilias em Santa Marta. São Paulo: Paulinas, 2014.

_____. *Exortação Apostólica Evangelii Gaudium*. Roma, 2013. Disponível em: <https://w2.vatican.va/content/francesco/pt/apost_exhortations/documents/papa-francesco_esortazione-ap_20131124_evangelii-gaudium.html>. Acesso em: 16 de nov. de 2017.

_____. *Exortação Apostólica Pós-sinodal Amoris Laetitia*. Roma, 2016. Disponível em: <http://w2.vatican.va/content/francesco/pt/apost_exhortations/documents/papa-francesco_esortazione-ap_20160319_amoris-laetitia.html>. Acesso em: 16 de nov.de 2017.

FRIESEN, Dwight. *Thy kingdom connected*. What the church can learn from Facebook, the Internet and the other networks. Grand Rapids (MI): Baker Books, 2009.

JOÃO PAULO II. *Novo Millennio Ineunte*. Roma, 2001. Disponível em: <http://www.vatican.va/holy_father/john_paul_ii/apost_letters/2001/documents/hf_jp-ii_apl_20010106_novo-millennio-ineunte_po.html>. Acesso em: 21 de mai. de 2013.

LAS CASAS, Bartolomeu. Único modo de atrair todos os povos à verdadeira religião. São Paulo: Paulus, 2005.

MCLUHAN, Marshal. *Os meios de comunicação como extensão do homem*. São Paulo: Cultrix, 1964.

OLIVEIRA, Sidnei. *Geração Y*: ser potencial ou ser talento? Faça por merecer. São Paulo: Integrare Editora, 2011.

SERRES, Michel. *Polegarzinha*. Rio de Janeiro: Bertrand Brasil, 2013.

SÍNODO DOS BISPOS. *Documento Preparatório*: Os jovens, a fé e o discernimento vocacional. Roma, 13 de janeiro de 2017. Disponível em: <http://www.vatican.va/roman_curia/synod/documents/rc_synod_doc_20170113_documento-preparatorio-xv_po.html>. Acesso em: 05 de nov. de 2017.

SPADARO, Antonio. *Quando a fé se torna social*: o cristianismo no tempo das novas mídias. São Paulo: Paulus, 2016.

_____. *Ciberteologia*: Pensar a fé cristã nos tempos da rede. São Paulo: Paulinas, 2012.

CAPÍTULO IV

BAUMAN, Zygmunt. Comunidade: a busca por segurança no mundo atual. Tradução de Plínio Dentzien. Rio de Janeiro: Zahar, 2003.

_____. Identidade: entrevista a Benedetto Vecchi. Tradução de Carlos Alberto Medeiros. Rio de Janeiro: Zahar, 2005.

CELAM. Documento de Aparecida: texto conclusivo da V Conferência Geral do Episcopado Latino-Americano e do Caribe. Brasília: CNBB; São Paulo: Paulinas: Paulus, 2007.

_____. III Conferência Geral do Episcopado Latino-americano: a evangelização no presente e no futuro da América Latina, Puebla: conclusões. 2 ed. São Paulo: Loyola, 1979.

CONFERÊNCIA NACIONAL DOS BISPOS DO BRASIL. Diretrizes gerais da ação evangelizadora da Igreja no Brasil (2015-2019). São Paulo: Paulinas, 2015. (Documentos da CNBB, 102)

_____. Evangelização da juventude: desafios e perspectivas pastorais. Brasília: CNBB, 2007. (Documentos da CNBB, 85)

_____. Cristãos leigos e leigas na igreja e na sociedade.. São Paulo: Paulinas, 2016. (Documentos da CNBB, 105)

SÍNODO DOS BISPOS. *Documento Preparatório:* Os jovens, a fé e o discernimento vocacional. Roma, 13 de janeiro de 2017. Disponível em: <http://www.vatican.va/roman_curia/synod/documents/rc_synod_doc_20170113_documento-preparatorio-xv_po.html>. Acesso em: 05 de nov. de 2017.

FRANCISCO. Evangelii Gaudium. São Paulo: Paulinas, 2013.

GAUDIUM ET SPES. In: Compêndio do Vaticano II. Petrópolis, RJ: Vozes, 1975.

HERVIEU-LÉGER, Danièle. O peregrino e o convertido: a religião em movimento. Tradução de João Batista Kreuch. Petrópolis: Vozes, 2008.

LIBANIO, João Batista. Jovens em tempo de pós-modernidade: considerações socioculturais e pastorais. São Paulo: Loyola, 2004.

_____. Para onde vai a juventude? São Paulo: Paulus, 2011. (Coleção juventude e libertação)

LIPOVETSKY, Gilles. A felicidade paradoxal: ensaio sobre a sociedade de hiperconsumo. Tradução de Maria Lúcia Machado. São Paulo: Companhia das Letras, 2007.

LUMEN GENTIUM. In: Compêndio do Vaticano II. Petrópolis, RJ: Vozes, 1975.

MARCHINI, Welder Lancieri. Paróquias urbanas. Aparecida, SP: Santuário, 2017.

TOURAINE, Alain. Crítica da modernidade. Tradução de Elia Ferreira Edel. 9 ed. Petrópolis: Vozes, 2009.

_____. Poderemos viver juntos? Iguais e diferentes. Tradução de Jaime A. Clasen e Ephraim F. Alves. 2 ed. Petrópolis: Vozes, 2003.

CULTURAL

Administração
Antropologia
Biografias
Comunicação
Dinâmicas e Jogos
Ecologia e Meio Ambiente
Educação e Pedagogia
Filosofia
História
Letras e Literatura
Obras de referência
Política
Psicologia
Saúde e Nutrição
Serviço Social e Trabalho
Sociologia

CATEQUÉTICO PASTORAL

Catequese
Geral
Crisma
Primeira Eucaristia

Pastoral
Geral
Sacramental
Familiar
Social
Ensino Religioso Escolar

TEOLÓGICO ESPIRITUAL

Biografias
Devocionários
Espiritualidade e Mística
Espiritualidade Mariana
Franciscanismo
Autoconhecimento
Liturgia
Obras de referência
Sagrada Escritura e Livros Apócrifos

Teologia
Bíblica
Histórica
Prática
Sistemática

REVISTAS

Concilium
Estudos Bíblicos
Grande Sinal
REB (Revista Eclesiástica Brasileira)
SEDOC (Serviço de Documentação)

VOZES NOBILIS

Uma linha editorial especial, com importantes autores, alto valor agregado e qualidade superior.

VOZES DE BOLSO

Obras clássicas de Ciências Humanas em formato de bolso.

PRODUTOS SAZONAIS

Folhinha do Sagrado Coração de Jesus
Calendário de mesa do Sagrado Coração de Jesus
Agenda do Sagrado Coração de Jesus
Almanaque Santo Antônio
Agendinha
Diário Vozes
Meditações para o dia a dia
Encontro diário com Deus
Guia Litúrgico

CADASTRE-SE
www.vozes.com.br

EDITORA VOZES LTDA.
Rua Frei Luís, 100 – Centro – Cep 25689-900 – Petrópolis, RJ
Tel.: (24) 2233-9000 – Fax: (24) 2231-4676 – E-mail: vendas@vozes.com.br

UNIDADES NO BRASIL: Belo Horizonte, MG – Brasília, DF – Campinas, SP – Cuiabá, MT
Curitiba, PR – Fortaleza, CE – Goiânia, GO – Juiz de Fora, MG
Manaus, AM – Petrópolis, RJ – Porto Alegre, RS – Recife, PE – Rio de Janeiro, RJ
Salvador, BA – São Paulo, SP